アメージングな国から始める新たな旅（サムイ）

寒いより暑い方がずっといい（サムイ）

日が落ちてから本気出す（サムイ）

陸路で国をまたぐダイナミズム（ノンカイ）

国境を越えたら文字が変わった（ビエンチャン）

一足お先に夏祭り気分（サムイ）

胃袋が拡張するといいのに（プノンペン）

名物料理は押さえておく（チェンマイ）

お米の国からパンの国へ(ホーチミン)

変わらない光景にニンマリ（ホーチミン）

若いエネルギーに感化される(プノンペン)

人の温かさに触れるならアジア(プノンペン)

ゆるゆるゆるっと旅していたい（プノンペン）

旅はタイにはじまり、タイに終わる

——東南アジアぐるっと5ヶ国

吉田友和

幻冬舎文庫

旅は タイにはじまり、タイに終わる

——東南アジアぐるっと5ヶ国

吉田友和

旅はタイにはじまり、タイに終わる
――東南アジアぐるっと5ヶ国　目次

プロローグ——タイへ帰国する

長いブランクがあった。それは、自ら意図したものだった。

寒いよりは暑い方がいい。アジア、それもとりわけ南国とされる土地にばかり足繁く通っていたのは、自分の怠惰な性分と無縁ではなかった。彼の地に流れる気だるい空気が、いつしかエネルギーの源になっていた。

好きなものは好きなのだ、と開き直るつもりだった。ところが、そんな暢気なことも言っていられない状況になってしまったのは、旅を仕事にしてしまったがゆえのことだった。旅をして、それを原稿に書く。その内容が気が付いたらアジアのことばかりになっていた。たまに講演会などに呼ばれても、本題から脱線してアジアの話題しかしゃべっていないこともままあった。

アジアに頼りすぎている自分を反省し、距離を置いてみようと思った。

具体的には、タイへ行くのをしばらく控えることにした。アジアの中でも、特別に思い入れの強い国がタイだった。いわゆる、リピーターというやつだ。年間、少なくとも二～三ヶ月に一度ぐらいのペースで訪れていただろうか。

バンコク発券の航空券で東京―バンコクを往復する生活を続けていた。何度も行くのなら、日本でバンコク行きの航空券を買うよりも、バンコク発券の方が都合がいいからだ。

有効期間が長く、日程変更も容易な航空券である。そろそろタイへ行こうかなと思い立ったら、復路の予約を入れればすぐにでも彼の地へ向かうことができた。航空券上では、タイへは「行く」のではなく、「戻る」形になる。まるで日本へ出稼ぎにやってきたタイ人のような、あべこべな状態が続いていたのだ。

そのループを終了させることは、僕にとって勇気を伴う決断だった。バンコクから東京へ向かう便を、いつものように往復ではなく、片道で手配するときには、交際相手に別れ話を切り出すような後ろ髪を引かれる思いがあった。

別に嫌いになったわけではない。むしろ、狂おしいほどに愛おしい。身勝手な理由であることは自覚しているけれど、自分にとっては必要な別れだった。

そして月日が流れた。その間、当初の目論見通り、アジアを意識的に避けるようにして、僕はヨーロッパやアフリカ、北米などへ足を延ばした。海外だけでなく、日本国内もこれまで以上に細かく見て回った。お陰でまた違った視点で旅と向き合うことができたのは、大きな収穫と言えた。

もちろん、アジアとの縁を完全に断ち切ったわけではなかった。韓国や台湾、シンガポールなどへ行き、それらの旅の話を原稿に綴ったりもした。目論見とは裏腹に、実は仕事の都合でタイへも訪れる機会があった。

「今年はタイに二回しか行かなかったよ」

友だちにそんな話をすると、

「二回も行けば十分だから！」

と呆れられたが、自分としてはしっかりと旅した実感はなかったりする。行ったことは事実だが、用件だけ済ませてさっさと立ち去るという、苦笑するほどに余所余所しい滞在だったからだ。言うなれば、別れたはずの彼女とウッカリすれ違ってしまったかのような、こそばゆい心境である。

そろそろいいかな、とようやく気持ちの整理がついたのは、東京に木枯らしが吹き始めた初冬のことだった。日に日に増していく寒さに体が悲鳴を上げ、心は遠く南国の空へと逃避していく。

これ以上は、もう我慢できない。

長い自粛のせいで、かつてないレベルにまで旅への情念が膨らみ、ほとんど爆発しそうな勢いになっていた。タイが僕を呼んでいるような気がした。たとえ呼ばれていなくても、図々しく乗り込む気満々だった。

解禁——まさにこの一言に尽きる。

遂に彼の国とのよりを戻すときがやってきたのだ。

僕は年明けの航空券を予約した。

渇望してやまなかった旅を始めるために。

第一章　香港

(1) エアラインパスでアジア周遊

ふたたびのアジア旅は、香港から始まった。

就航して間もない香港エクスプレスを利用していた。香港まで片道一万円台というLCC（格安航空会社）ならではの格安料金に惹かれ、予約を入れたものだ。

深夜便である。羽田発の国際線としては、その日最も遅い時間に出る便だった。

どこででも寝られる図々しい旅人を自任している。深夜便で眠りについた回数は数知れない。いつものように座席につくやいなや、空気式の首枕を膨らませ、靴を脱いですっかり寝る体勢に入った。搭乗前には空港内でしっかりビールも飲んで、酒の酔いで眠気を助長させることも忘れなかった。

ところが、寝られなかったのだ。懸命に目を瞑《つむ》ってはみるのだが、いつものようにストンと眠りに落ちない。きっと興奮していたのだろう。翌日に遠足を控えた子どもになったかのような、そわそわとした心持ちのまま狭い機内の時間をやり過ごしたせいか、香港へ着いたときには体が重かった。

現地時刻で朝五時。定刻よりもなぜか三十分も早く着陸した形になる。

香港はイミグレーション（入国審査）が簡略化されていた。入国スタンプが押されなくなり、代わりに入国を証明する紙きれを挟んでパスポートが返される。スーパーのレシートのようなちゃちな紙きれだ。別になくしてしまっても問題ないという。

それを受け取り建物の外へ出ると、しとしとと小雨が降っていた。まだ夜も明けきらない異国の空の下、あまり嬉しくない歓迎に僕は内心舌打ちした。

おまけに、妙に寒い。南国への憧れを抱きながら祖国を出てきたばかりの旅人にとって、予期せぬ寒さと言えた。手痛いカウンターパンチを食らった気分だった。

うーん、これはどうしたものか。

僕は狼狽した。慌ててダウンジャケットを取り出し羽織る。台湾で買った、香港ブランドのダウンジャケットを持ってきていた。もう使わないだろうと小さく折り畳んでしまっていたのだが、こんなに早く出番が訪れるとは……。

香港を侮っていたらしい。過去にも幾度となく訪れたことがあり、勝手知ったる土地である。いつもは半袖で過ごしていた。考えたら、こんな真冬の時期に来たのは初めてで、それゆえウッカリ油断していたのだった。

日が出てくればそれなりに暖かくもなるだろうと楽観視しながら街へ出てみたが、期待はまんまと裏切られることになった。暖かくなるどころか、雨足はますます勢いを強め、我が身を切り裂くような寒風に外を出歩くのもままならなくなってきた。

避難先を求めデパートの中へ入った。そして、僕は驚愕させられたのだった。店員がみなコートを着ていたのだ。夢でも見ているのかと目を擦った。室内である。空調は効いていた。けれど、それは暖房ではなく、なななんと！　冷房だったのだ。

デパートだけではない。朝食をとった飲茶店も、コーヒーを飲みに入ったマクドナルドも、ことごとく寒かった。空港から街へ出るのに乗ったエアポートバスの車内さえも、暖房とは無縁の空間だった。

あまりの展開に誰かに悪態をつきたくなった。香港関係の知人にほとんど愚痴のようなメールをその場で送ってしまった。オカダさ

空港からネイザンロードへ直行するなら、列車よりバスが便利。

んという、一緒に香港のガイドブックを制作したこともある大先輩からすぐに戻ってきた返事には、こう書いてあった。

「冷房をかけると物理的に空気が綺麗になると思い込んでいる説と、冷房の空気の流れを気の流れだと誤解している説などがあります」

いずれにせよ、誤解らしい。これでも昔と比べればだいぶ改善されたのだとフォローの一文も添えられていたが、異国からの旅人は価値観の違いに戸惑うばかりだ。

郷に入っては郷に従えという言葉もある。もうこういうものだとあきらめて、寒さを堪え忍ぶ工夫をするべきと頭では理解するものの、体がついてこなかった。

香港へは乗り継ぎの関係で立ち寄っただけで、一泊もしない。わずかな滞在時間ながら、せっかくなので欲張って街へ出てみたのだ。いわば旅の助走のつもりだった。

ところが、僕には走れそうもなかった。足が向かった先は、エアポートバスの乗り場だった。ほとんど何も観ないまま、すごすごと退散する形になった。

かくなるうえは、空港でのんびり体を休めよう。

まんまと返り討ちに遭い、暖房という名のオアシスを求めて空港へ早々に戻った。すると、さらなる事態が待ち受けていた。仰天してしまった。

空港ターミナルの建物内も寒かったのだ。やはり冷房が入っていて、乗客たちも室内だというのにみなコートを羽織ったままでいる。もはや逃げ場なし。ここまでされると、僕には狂気の沙汰に思えてならなかった。

つい最近訪れたばかりの、北海道の旅を回想した。札幌へ雪まつりを観に行ったのだ。耳がちぎれそうになるほどの猛烈な冷気に、とても長時間は外にいられなかったが、一転して札幌の屋内は暖房がんがん状態で天国だった。地下街への階段を降りれば、すぐにでもオアシスへ逃げることができた。

ネットで調べると、この日の香港の最高気温は七度、最低気温が五度となっていた。氷点下の北海道と比べれば、極端に寒いわけではないはずだ。けれど、どこへ行こうが常に寒さがつきまとう香港の方が、僕には何倍も手強く感じられた。長居すればするほど、じわじわと体の芯まで冷やされていく恐怖。

少しでも暖を取ろうと、僕は空港内で一軒のカフェに駆け込んだ。コーヒーを注文すると、店員の女性は頷き、確認するようにこう付け足した。

「アイスですよね？」

「……いや、ホットをください」

女性があまりにナチュラルな物言いで訊いてきたので、つい「イエス」と答えそうになってしまった。アイスを頼む人の方が多数派なのだろうか。世界は広い。海外へやってくると、僕のちっぽけな常識では推し量れない驚きが待っている。

出されたコーヒーからムラムラと立ち上る湯気が、とびきり尊いものに見えてくる。僕はやけになって砂糖をどばどば入れた。甘味で気を紛らわせるのが精一杯だった。

なぜ香港経由なのか。実は特別な理由があった。

東南アジア内を周遊できる、エアラインパスがずっと気になっていた。今回はそれを活用した旅なのだ。決められたルール内で複数の路線を組み合わせ、自由なルートが組める特殊な航空券。その起点となるのが香港だった。

世界一周航空券については、近年日本でも

第２ターミナルから出発。開放的なつくりだけど、とにかく寒い⁉

広く知られるようになってきた。スターアライアンスやワンワールドといった、各アライアンスが販売する世界一周航空券を使えば、手頃な料金で効率良く世界一周が実現できる。エアラインパスの仕組みはこれと似ている。要するに、世界一周航空券の地域限定版のようなものである。世界各国の航空会社から様々な種類のエアラインパスが発売されていて、上手く使いこなせれば旅の可能性を広げられる。

この手のパスが、いま自分の中でちょっとしたブームになっている。ちょうど一年前、僕はヨーロッパを列車で巡った。ユーレイルパスという、欧州内の列車が乗り放題になる切符を活用した旅だった。列車と飛行機という手段の違いはあれ、エアラインパスも方向性は近いと言えるだろうか。

そのヨーロッパ列車旅行は大充実の内容だった。自由度が高いパスは、僕のようなワガマなタイプにはうってつけだと感じた。さらには、無数の選択肢の中からどうプランニングしていくかという攻略要素があることにも、心惹かれるものがあった。

すっかり味をしめ、列車の次は飛行機でトライしてみようと思い立ったのが、今回の東南アジア周遊旅行の直接のきっかけだったりする。

僕が選んだのは、ラオス国営航空が発売する「ディスカバリーエアパス」というチケットだった。ラオス国営航空に加え、バンコクエアウェイズの便も利用できるもので、これら二社の便を使えば東南アジアの主だった都市はカバーできるのが魅力だ。とくに今回の最大のお目当てとも言えるタイの路線が充実しているのが大きい。

ラオス国営航空は、その名の通りラオスのフラッグキャリアである。バンコクエアウェイズはタイの航空会社で、現在は運休してしまったが、以前は広島や福岡へも定期便を運航していた。いずれもLCCではなく、いわゆるレガシーキャリアだ。アライアンスには属しておらず、日本では比較的マイナーな存在と言えるかもしれない。

いざ旅を計画する段階で、改めて色々調べてみた。すると、東南アジア地域を旅できるパスとしては二種類の選択肢があることが分かった。もう一つの候補だったのが、「オールアジアパス」というチケットだ。

オールアジアパスでは、キャセイパシフィック航空と香港ドラゴン航空の便を利用できる。両社共に香港の航空会社だが、これがネックだった。便は香港を発着するものが主体で、次の目的地へ行くのにその都度香港を経由しなければならなくなってしまうのだ。

たとえば、オールアジアパスのサイトにこんなモデルルートが紹介されていた。


日本↓香港↓シンガポール↓バンコク↓香港↓クアラルンプール↓香港↓日本

バンコクからクアラルンプールへ移動するのに、わざわざ香港までいったん戻っているのは、両都市を直接結ぶフライトがないからだ。このパスは周遊といっても、どちらかと言えばオープンジョーでの使用を想定したもののようだ。オープンジョーとは、往路の到着地と、復路の出発地が異なる航空券の発券方法である。

日本↓香港↓ホーチミン↓（各自移動）↓バンコク↓香港↓日本

つまりは、こういうルートだと威力を発揮するかもしれない。とりあえず日本から旅のスタート地点までと、ゴール地点から日本へ戻るチケットを確保し、各自移動の部分で自由旅行を楽しめばいいわけだ。ディスカバリーエアパスとは違い、日本を出発する便が選択できるのは利点と言えるだろう。

オールアジアパスも使い方次第では有用ではあるが、僕の用途には合わないものだった。東南アジア内の複数の都市を、一筆書きの要領でホッピングしていきたいのだ。それに、キャセイパシフィック航空のようなメジャーな航空会社よりも、あえてマイナーな会社を利用してみたい好奇心もあった。ラオス国営航空には乗ったことがない。

予約・発券は、ラオス国営航空とのメールのやり取りで済ませた。日本国内にもちゃんとオフィスがあり、日本語の公式サイトも用意されている。ほかの航空会社のようにオンライン予約にまでは対応していないものの、日本語で相談が可能で、支払いも日本円で行えるのは気楽だと感じた。

　出発地を香港に決めたのは、ディスカバリーエアパスがカバーする中では、最も日本から近い都市だからだ。日本から香港までは、LCCを使えば格安で移動できる。僕は羽田からの香港エクスプレスの便を利用した。

　香港での約半日の乗り継ぎ時間を経て、いよいよ東南アジアへ飛び立つ。

　寒さに震えるだけだった香港に別れを告げ、バンコクエアウェイズの機内に乗り込んだら、キャビンアテンダントがワイをして出迎えてくれた。

「サワディー・カー」

　両手を合わせるワイのしぐさは、「微笑みの国」と形容されるタイを象徴する愛らしいものだ。そう、最初の目的地はタイである。

第二章　タイ

（2）バックパッカーごっこ

長い冬眠から目覚めた熊のような気分だった。

機内からタラップへ出た瞬間、まとわりつく熱気に全身の細胞が一気に覚醒していくのが分かった。

タイである。我が愛しのタイランド。

真冬の東京を脱出し、辿り着いた南国の楽園。

気温差は少なくとも三十度以上はある。穴ぐらから這い出たばかりの旅人には、刺激が強すぎるほどの世界の急激な変化だった。

「……やっと帰ってきた」

目をパチクリさせながらも、頬が次第にゆるんでいく――。

震えるような寒さに打ちのめされた香港。一転して、椰子の木が生い茂った南国へやってきた。ダウンジャケットをたたみ、その下に着ていた長袖シャツも脱いで半袖姿になる。それでも、あまりの暑さに汗がじんわりと噴き出てくる。

香港から乗ったバンコクエアウェイズが降り立ったのは、サムイ島だった。プーケットと並び、タイを代表するリゾート・アイランドとして知られる。

　日本からサムイへ来る場合、直行便はないため必ずどこかで乗り継ぐことになる。まずは首都バンコクを目指すのがセオリーで、ほかにもシンガポール経由のルートも人気がある。こうして香港から入る方法は、亜流と言えそうだった。

　日本へは運航していないバンコクエアウェイズだけに、このルートはあまりポピュラーではないのだろう。パッと見、僕のほかには日本人らしき乗客はいない。乗客の多くは香港人、もしくは大陸からやってきたと思しき中国人だ。

　タラップを降りると、大きめのカートが複数台停まっていた。大型のリゾートホテルなどで、敷地内を移動する際に利用するようなやつだ。これで駐機場から空港ターミナルまで乗客を運ぶ。バカンス気分が盛り上がる、心憎い演出である。

　ターミナルも空港とは思えないほど開放的な雰囲気だ。コンクリの無機質な建物ではなく、三角屋根に木製の柱のみと、壁のない吹きっさらし状態。ウッディな建物は、やはりリゾートホテルのレセプション棟のようにも見える。

　旗を持った添乗員の周りに中国人団体ツアー客が集まっているのを横目に、ササッとイミグレーションに並んだ。パスポートをチェックする係官は妙に朗らかで、バンコクの空港で感じる、いかにもお役所仕事といった余所余所しさがないのは、リゾート産業で成り立っている南の島の空港ならではという感じだ。

ポンッとスタンプが押され、無事に入国。三角形の藍色のタイの入国スタンプは、我がパスポートの中で日本のものに次いで数多い。まさに第二の故郷とでも言うべき同国だが、行き慣れたバンコクではなく地方空港からの入国であるせいか、新鮮な気持ちで旅と向き合えそうだった。

今回の旅ではバンコクへも行く予定だが、だいぶ先のことだ。エアラインパスの都合で、ハブ都市となるバンコクはルートの最初か最後に設定する必要があった。先に馴染みのバンコクから始める案も浮上したが、僕はあえてゴール地点とした。お楽しみは最後にとっておくというわけだ。

目指せバンコク！　が旅の合言葉なのである。

「バンコクへ行きたいか〜？」

「お〜！」

勢い勇んで、そんなコールアンドレスポンスをしたいぐらいである。

荷物をピックアップして先へ進むと、最初に目に入ったのが小さなカウンターの上に掲示された、「ｔｒｕｅ」の赤色のロゴだった。タイの大手携帯電話会社の一つだ。僕が使っているｉＰｈｏｎｅは同社で購入したもので、タイへ来るといつもこのＴＲＵＥの回線を利用してネットに繋ぐ。

タイへ来るのは久しぶりだった。ゆえに、手持ちのプリペイドＳＩＭカードの有効期限はすでに切れており、新たなものを真っ先に入手しようと思っていた。

ＳＩＭが変わると電話番号も別のものになるので、よく行く国では同じＳＩＭカードを常用するようにしてきた。けれど、以前と比べ状況は変わった。いまやスマホの時代である。用途はネットがメインで、電話なんて喫緊の用事でもない限り滅多にかけないし、かかってもこないから、番号を保持する意味は薄れた。

さっそくカウンターで訊いてみると、七日間ネットに繋ぎ放題のＳＩＭカードが三百バーツだという。日本円にすると千円もしない。

まずはここでSIMカードをゲット。混雑するので早めに行きたい。

これほど安いのなら、同じＳＩＭにこだわるのではなく、使い捨て感覚で旅行の度に買った方がスマートかもしれない。

スタッフの女性は手慣れたもので、ものの数分で僕のｉＰｈｏｎｅがオンライン状態になった。代金を支払うのに、財布からタイバーツを取り出す。前回タイへ来たときに余ったタイバーツを少額だが持ってきていた。さらには空港からホテルへ移動する乗合ミニバスの料金百三十バーツを支払ったが、ひとまずは手持ちのものだけで足りそうで安堵した。

出発直前、日本で旅の準備をするにあたって、訪問予定国の紙幣や硬貨をかき集めることから始めたのを思い出す。海外旅行で現地のお金が余った場合、僕は帰りの空港で再両替はしない。次回来るときにまた使えばいいや、と持って帰ったそれらが遂に活躍する機会がやってきたというわけだ。

乗合バスは満席になるのを待たずに発車した。各ホテルを回って、乗客を順番に降ろしていく。この手のバスに乗ると、自分が一番最後だったりして、損した気持ちになることが案外多い。だから期待はせずにボーッと車窓の風景に見とれていると、わずかに十分ぐらい走ったところで早くも停車した。

「もう降りる人がいるのかあ」

すっかり他人事でいたのだが、運転手は僕の目を見て降りるように促した。

えっ、自分？

予期せぬ展開に意表を突かれた。荷物を持って外へ出て、看板に書かれたホテル名とバウチャーのそれを照らし合わせると、確かに自分が予約を入れたホテルのようだった。地図を確認しながら空港から近めの場所のホテルを選んだのだが、まさかこんなにすぐだとは想像しなかった。

運転手にお礼を言って、レセプションへ歩を進める。いたって普通の中級ホテルといった佇まいで、リゾート感はまるでない。チェックインを終え部屋に入ると、広々とはしているものの、窓が小さくどこか薄暗い。

まあ、こんなものかな——。

正直言うと少しがっかりもしたのだが、自分を納得させるしかなかった。大した料金を払っていないのだ。

サムイはホテル代の相場が高い印象だった。リゾート地という場所柄、仕方ないと言えた。割り切って満喫するなら、ビーチ沿いの大型ホテルを選ぶ手もあった。なにせ記念すべきこの旅一泊目の宿だ。多少奮発したって罰《ばち》は当たらないだろうと、いつもなら都合良く解釈することも多い。

しかし、一泊目からいい宿に泊まってしまうのも……という自制心も働き、コストパフォーマンス重視で選んだホテルだった。数日間の短期旅行ならいざ知らず、この先も長く旅が続くことを考えると、まずは節約気味にいきたいところだ。

今回の旅には、密かに裏テーマがあった。

話はかれこれ十年以上も前に遡る。僕は結婚をし、それを機に当時勤めていた会社を辞め夫婦で旅に出た。新婚旅行は世界一周！　と鼻息も荒く日本を飛び出したのは、若さゆえの無鉄砲な試みだったのかもしれない。

その旅が、我が人生初の海外旅行だった。そして結果的に、その後の我が人生に大きな影響を及ぼすことになる。こうしていま旅について書く立場にいるのは、あのとき旅に出たがゆえのことだ。

世界一周をしながら、旅先からホームページに日記を綴っていた。帰国後、それが書籍化されたのだが、十年以上が経過し、原稿に再び手を入れ文庫化することになった。実はここ最近、その作業に追われていた。当時の旅を振り返っているうちに、すっかり忘れかけていた淡い旅心を刺激されてしまったのだ。自分で書いた原稿に感化されるなんて、我ながらなんてオメデタイ人間なのだろうと苦笑する。

右も左も分からない初めての海外旅行である。当時の原稿を改めて読んでみると、青臭いエピソードだらけで赤面したくなったが、考え方によっては初体験ならではの輝かしい記録とも言えた。

　経験を重ねるにつれ、良くも悪くも旅人には慣れが伴う。異文化に触れて得られる刺激は薄れ、ちょっとやそっとのトラブルでは動じない神経の図太さを備えるようになる。旅に対して、どこかすれてしまうのは避けられないことだ。

　しかし同時に、寂しさも募るのだった。初心忘るべからず、という言葉もある。あの頃のようなフレッシュな気持ちを取り戻したい、取り戻せないか——。そんな企みがむくむくと頭をもたげ始めた中での今回の出発となった。

　具体的には、旅のスタイルを少しだけ見直そうと思った。

「週末海外」を謳い、限られた日数の中でいかに充実した旅にできるかに苦心してきた。慌ただしい旅人だと自覚しているが、短いからこそ旅の密度が濃くなり、やり遂げた達成感も得られる。それはそれで一つの旅の形だと自分に言い聞かせてきた。

　けれど一方で、足りない時間をお金の力で解決するような、強引な手法を取らざるを得なくなったのも事実だった。それは仕方ないこととあきらめていたし、もう大人だからと開き直る気持ちも根底にはあった。

　まずは、そこを少しだけ変えてみる。

　具体的には、バックパッカーへの回帰である。

とはいえ、当時のように際限なく時間があるわけではないし、ハイペースに移動をしつつ少しでも多くの街を目指したい欲張りな気持ちも捨てがたい。あまりきついのも正直体がついてこないし、好んで苦行に身を置くほどのストイックさはそもそも持ち合わせていない。無闇矢鱈と節約はしないが、かといって効率ばかりを追求するのは御法度とする。あくまでも、大人なりにできる範囲でのスタイルの見直しだ。

言うなれば、「バックパッカーごっこ」のようなものである。

世界一周したあの頃は、バックパッカー以外の選択肢はなかった。時間はたっぷりあったけれど、使えるお金は限られていた。バスや鉄道といったローカルな移動手段を積極的に用い、食事は屋台や庶民的な食堂で、泊まる場所は安宿が中心——典型的なバックパッカースタイルで旅をしたのは、ある意味自然の成り行きだった。

状況がガラリと異なるいま、あえて回帰するのはもの好きと言うほかない。必要に迫られてするのではなく、お遊び感覚で束の間のバックパッカー気分を味わうというわけだ。辛いことはしないし、楽しい部分だけを取り入れる。おいしいとこ取り。まさに「ごっこ」と言える。

話が妙に長くなったが、要するにこれが今回の裏テーマである。

そんなスタイルで旅をするには、東南アジアはお誂《あつら》え向きの土地と言えそうだった。物価は安く、旅をするうえでの環境が整っている。適度な異国情緒と緊張感も味わえ、入門編としてここからバックパッカーを始める旅人は数多い。かくいう僕自身も、その初の海外旅行＝世界一周で、日本を出て最初に降り立ったのがタイだった。

昔日を懐かしみながら、宿を出てまずは街をぶらぶらしてみる。サムイ島では最も賑わうチャウエン・ビーチを旅の拠点としていた。一人旅だと、やはりこういう華やかな街の方が退屈しなくていい。

日も落ちかけ、浮ついた空気が漂い始めていた。目抜き通りに立ち並ぶバーにネオンが灯る。オープンエアのバーでは、白人の若者たちが早くも顔を赤くしながらビールを囲んでいる。プーケットのパトン・ビーチや、パタヤーなどもそうだが、タイのビーチエリアの歓楽街は圧倒的に西洋人が幅を利かせているなあといつも思う。

タイ好きの間で知られた言い方を用いるなら、「ファラン」である。元々は「外国人」という意味の言葉らしいが、日本人のようなアジア系ではなく、あくまでも西洋人、それも白人を指す俗語のようなものを想像すると分かりやすい。

タイ人や、タイ慣れした日本人が彼らをそう呼ぶ際には、ある種の親しみと同時に、どこか揶揄の意味が込められている。妬ましい気持ちも含まれるかもしれない。

傍から見ていると、彼らの遊び方は豪快で、そして頑なだ。たとえば西洋式のレストランで食事をとり、盛り場ではダンスミュージックががんがんにかかる中、ビールを片手にジョークを言い合う。無数に立ち並ぶピンクネオンのバーを覗くと、白人のオジサンが現地の女性を侍《はべ》らせながらビリヤードに興じている。

中にはローカルな屋台で麺をすすっているファランもいるが、それは一部の剛の者という感じで、明らかに少数派だ。我々日本人が簡単に現地の流儀に馴染もうとするのとは対照的に、彼らはどこへ行こうが母国と同じスタイルを貫いている。

チャウエンの賑わいはまさに、ファランの、ファランによる、ファランのためのものという印象を受ける。アジアからやってきた部外者としては、中へ分け入るのが憚《はばか》られるのも正直なところで、街の狂騒を尻目に僕は早々に退散したのだった。

僕はガイドブックのコピーを持ってきて

ネオンに誘われ夜の徘徊。チャウエンのバー街は右を見ても左を見てもファラン。

いた。その地図を見ながら、道の配置や街のつくりをなんとなく把握しつつぶらり散策する。チャウエン・ビーチは全長七キロもあるというから、さすがに徒歩だけで端から端まで見て回るのは得策ではなさそうだ。

ガイドブックはあると便利だが、荷物がかさばるのが難点だ。複数の国々を周遊する旅では、訪問予定国すべてのガイドブックを持ち歩くわけにはいかない。スキャンしてデータ化し、スマホやタブレットで確認する方法もいつもは駆使するが、今回は時間がなかったので、めぼしいページだけコピーしてきた。使い終わって次の街へ移動したら、捨ててしまえば荷物が軽くなる。

これも、かつてのバックパッカーの旅を思い起こさせる。現地で知り合った旅人から、その都度ガイドブックをコピーさせてもらっていた。コピー元自体が本ではなく、すでにコピーだったことも珍しくなかった。

とはいえ、いまはもうネットで調べれば大抵の情報は見つかる時代だ。ガイドブックも、以前ほどありがたみはないかもしれない。

目抜き通りからは外れ、喧噪から逃げるように道をずんずん歩いていった。繁華街から離れるにつれ、景色はローカルなものへ変化していく。英語の看板が少なくなり、愛らしいタイ語のくねくねした文字が視界を占領するようになってきた。

果物屋に並べられたマンゴーに涎《よだれ》が出そうになる。ちょうど収穫の季節だ。僕がなんとはなしにその写真を撮ってみても、店主らしきおばちゃんは気にも留めずスマホの画面に夢中な様子だ。ちらりと覗くと、ゲームに興じているようだった。

マッサージ店の前では、相変わらず女性たちがマッタリしている。ぺちゃくちゃおしゃべりしたり、化粧を直していたり。いかにも旅行者な僕が通りかかると、

「ハロ〜、マッサ〜」

といちおう声だけはかけてくれるが、あまり熱心に引き留める感じでもない。

街全体にどこか気だるい空気が漂っていた。みんな暇そうなのだ。これぞ愛してやまない東南アジアとでも言えそうな世界に、僕は目を細めたのだった。

頃合いを見計らって入ったのは、一軒の小さなレストランだった。お腹が減っていたが、とくに行く当てはなかった。こういうときは、直感に頼ることになる。

客の半分が外国人、もう半分は現地のタイ人といった感じの自分好みのレストランを見つけた。あまりに観光客向けすぎる店は苦手だが、かといって完全にローカルだと入りにくい。その中間ぐらいがベストかなと、旅を重ねるうちに学習した。

席に着くと若い店員がメニューを持ってきたが、それは開かずに注文する。

「パッガパオガイカイダーオ、あとビアシン、大瓶で」

タイへ来るときは、一食目はこれと決めているのだ。バジルと鶏挽肉の炒めもの、目玉焼き載せご飯。日本のタイ料理屋でも必ず見かける定番メニューの一つだ。近頃は大手弁当チェーンでも「ガパオライス」などというメニューで販売するようになった。グリーンカレーやトムヤムクンよりも、個人的にはイチオシである。

右手にスプーン、左手にフォークという、パスタを食べるときとは逆のタイスタイルで、具をご飯にまぜまぜしながらそれを食す。

「辛くしますか？」

と訊かれ、力強く頷いたら、唐辛子を容赦なく入れられた。

からいからいからい……とヒーヒー言いながらも、自然と顔がほころんでくる。この激

「ハロ〜、マッサ〜？」を聞くと、ああタイだなあとしみじみする。

烈な辛さが恋しかったのだ。

ビアシンもシャキッと冷えていた。シンハーというタイのビールである。白地に獅子が描かれたラベルは、これまた日本でもよく見かけるようになってきた。象のラベルのビアチャーンよりも、僕はビアシンを愛飲している。

暑い中、屋外でグビッと飲む冷たいビールほどうまいモノはない。この旅一杯目、か。バックパッカーごっこをするなら贅沢は大敵だが、酒だけは例外としよう。早くも綻《ほころ》びが見え始め、僕は苦笑いを浮かべたのだった。

その食堂では、蚊にさされまくるという、南国の夜らしい一幕もあった。若い店員に蚊取り線香がないか訊ねたら、すぐに持ってきてくれた。こういう融通が利くところが、タイのいいところだ。

虫除けスプレーは出発前に荷物へ入れたが、ホテルの部屋に忘れてきてしまった。まだ色々と抜けている。旅は始まったばかりだ。

(3) フルムーン・パーティ

目を覚まし、時計を見たら九時を過ぎていて、軽くショックを受けた。窓が小さく薄暗い部屋のせいだと悪態をつきつつ、シャワーを浴びる。旅行中は早寝早起きを心がけたいところだが、まだ体が対応していない。二日目の朝である。

宿泊しているホテルには朝食が付いていた。あまり期待せずに、それを食べに一階へ降りると、本当にイマイチな内容でがっかりさせられる。トーストが二枚に、申し訳程度にサラダが載ったプレート。ジュースとコーヒー。あ、それと目玉焼きも。卵料理の調理法は訊かれず、有無を言わせず目玉焼きが出てきたのだった。

通りに面した朝食会場には、早くも南国らしい強い陽射しが差し込み、目に眩しい。とはいえ、昨夜の活気が嘘のようにひっそり静まりかえっている。街ゆく人は少なく、往来する車やバイクも数えるばかりだ。スロースターターなのは自分だけではなさそうで、少しホッとする。

通りを挟んで向かい側には、大型のリゾートホテルが立っていた。腹ごなしを兼ね、食後の散歩がてら行ってみると、我がホテルとのあまりの格差に羨ましさが募った。大きなプールに臨む形でコテージ風の小洒落た建物が並び、プールの先はビーチに続いている。絵に描いたようなリゾートだ。

ビーチへと歩を進めると、デッキチェアにデレーンと横になり読書に耽るファランの姿が目につく。いまのところ、日本人旅行者を一人も見かけていない。みんなどこに泊まっているのだろうか。

僕が泊まっているホテルは、その名も「チャウエン・ビーチ・ホテル」という。「ビーチ」を冠しながらも、名前とは裏腹にビーチはおろかプールさえないのだ。分かっていて選んだとはいえ、すぐそばの別のホテルで素敵なリゾートを見せつけられると、悔しい気持ちにもなるのだった。

ただ、スタッフの印象はいい。いつも和やかだし、何か頼むと嫌な顔をせずてきぱき応じてくれる。僕はフロントのお兄さんにレンタバイクについて訊いてみることにした。今日はバイクを借りて、島を巡ろうと思い立ったのだ。

お兄さんに連れて行かれたのは、ホテルの数軒隣の土産物店だった。ホテルが提携している店なのか、お兄さんが個人的に馴染みなのかは分からない。

アジアの旅では、なんとなく流れにまかせていると結構上手くいく。原付のスクーターが一日百五十バーツだというので即決した。五百円もしない格安料金は、節約気分の旅行者にはありがたい。

　ほかに、もっといいバイクもあるようだった。以前にプーケットへ行ったときには、PCXというホンダの中型スクーターを借りた。夫婦旅でタンデムで乗るなら、あれぐらい大きい方がいいが、今回は気楽な一人旅だし、原付で十分だろう。

　PCXは日本でも人気の高いバイクだが、実はここタイで生産しており、タイ好きとしては気になる存在だったりする。アイドリングストップ機能を搭載し、信号待ちなどで停車時には自動的にエンジンが停止する、最新のハイテクバイクだ。乗り心地もすこぶる良く、個人的にお気に入りの一台である。

　日本では売られていない、タイ仕様のモデルも格好良くて、バンコクの街中などで見かけたらつい写真を撮ってしまう。完全に余談ではあるが、バイク好きなら、タイへ来る機会があれば、注意深く街中を観察してみるのもオススメかもしれない。

「パスポー・プリーズ」

　バイクの代金を前払いすると、土産物店のおばちゃんが言った。最後の子音を省略するという、いかにもタイ人らしいおばちゃんの発音に内心にやつきながら、パスポートを差し出す。デポジットとして店で預かるのだという。

　さらには、ヘルメットは要るかどうかを訊かれた。もちろん、要る。

これまたプーケットでのことだが、ノーヘルで走っていて、検問でおまわりさんに呼び止められたことがある。現地の人たちはみんな被っていなかったので、外国人を狙いうちにした罰金という名目での小遣い稼ぎだと思う。あの一件で懲りたせいもあるが、安全の意味でもヘルメットは被った方が絶対にいいだろう。

そんなこんなで、いざ出発！

走り始めてすぐに気が付いた。燃料のエンプティ・ランプが点灯しているではないか。うーむ。満タンで借りて、満タン返しが基本の日本の感覚は通じないようだ。

給油するためにスタンドを探そうかなと思った刹那、道端にガソリンらしき茶色い液体が入ったボトルを並べている店が視界に入った。クリーニング店のようだった。本業の傍ら、ついでにガソリンを売っているのは、アジアの田舎街では日常的な光景と言えるだろうか。

この手の店で買うボトルのガソリンは、スタンドよりも割高である。ちょっともったいない気もしたが、スタンドを探すのも面倒なのでここで入れてもらうことにしたのだった。ボトル一本につき四十バーツ。とりあえず三本入れてもらったら、ガソリンメーターが半分ぐらいまで回復した。

気を取り直して、今度こそ出発！

ところが、またしても問題が発生した。スロットルを絞り速度を上げても、スピードメーターがうんともすんとも言わずゼロのままなのだ。壊れているのか、意図的に使えないようにしているのか。うーむ、うーむ。

道路の制限速度を書いた標識がしばしば現れるも、メーターが不明なのでオーバーしているのか分からない。なんだかなあ、と首を傾《かし》げるも、もうこういうものだと自分を納得させ、速度は気にせずマイペースで走ることにしたのだった。

最初に向かったのは、ビッグブッダ・ビーチだ。その名の通り、大きなブッダが立つ寺院が街のランドマークとして聳《そび》え立つ。なんだか安直なネーミングだが、我がホテルのような、ビーチを名乗りながらビーチがないという「看板に偽り有り」よりはマシかもしれない。

ストップと言わないと、満タンまで入れられてしまうので要注意。

寺院があるのは、ファン島という小さな島だ。いちおうは島だが、サムイからは幅の細い陸地で繋がっており、バイクでそのままアクセスできる。出島のようなつくりと言える。あえて喩えるなら、フランスのモンサンミシェルを百分の一、いや千分の一ぐらいにスケールダウンした感じだ。

駐車場にバイクを停めると、どこに潜んでいたんだというぐらい観光客だらけで目をみはった。観光地らしい観光地の少ないサムイ島で必見の場所と言えば、真っ先に候補に挙がるような主役級スポットなのだろう。

肝心のブッダは小高い丘の上に鎮座しており、そこへいたる階段が設えられている。サンダルを脱いで、素足で上っていくと、小さな日陰に逃げるようにして猫が丸くなっていた。すぐ真横を観光客がどたどた上り下りしているが、意にも介さず目を瞑っている猫が愛らしくて、起こさないようにこっそり写真をパチリ。

そんなところにいたら踏んでしまうのにゃ。
日陰を確保しているのはさすがなのにゃ。

これはまったく根拠のない持論だが、猫がゴロニャンとしているようなところに外れは少ない。あちこち旅をするうちに、そういう結論に達したのだ。

猫の有無は居心地の良さを推し量るバロメータの一つであると、近頃あちこちで喧伝しているのだが、ここも例外ではなさそうだ。レイドバックした空気が漂い、潮風が心地いい。高台から眼下に広がる青い海を見下ろすと、小さな漁船が波に揺られている。橙色の袈裟《けさ》をまとったお坊さんに、手を合わせてタンブン（徳を積むこと）しているタイ人ファミリーの姿にも心が和んだ。時間の流れが止まったかのような、ゆるやかな風景は、まさに僕が焦がれていたものだ。

一通り見学を済ませ、寺院の周りに林立する土産物店を物色していると、一軒の屋台が目に留まった。ローティという、タイではお馴染みのクレープを売る屋台だ。甘い匂いに誘われて、一つ注文してみた。

油で揚げるようにして焼くことで、表面がパリパリしている。見た目も食感も、日本のクレープとは別物である。中にバナナが入っているのが定番で、お好みでコンデンスミルクやチョコレートなどをかける。一つ、四十バーツだった。その隣の露店で飲み物も買って、木陰に腰掛けパクつく。うん、ウマイ。

タイはスイーツ系も充実していて、甘いものに目がない旅人にとっては天国だ。中でも個人的にイチオシなのがローティである。

「日本でお店をやるなら、ローティ屋がいいな」

うちの奥さんが、以前にそんな戯れ言をつぶやいていたのを思い出した。確かに、日本で売り出したら案外人気が出そうな気がする。原宿あたりで女子高生をターゲットにするとか、どうだろうか。

異国を旅していると、しばしば新しいビジネスの種を見つけたりもする。まあ、商売っ気がないタイプなので、なかなか重い腰は上がらないのだが……。

続いてやってきたのは、ワット・プライ・レームという寺院だった。ビッグブッダ寺院からはバイクでわずか数分という近距離なので、セットで訪れる人も多そうだ。

ここは巨大な千手観音で有名で、なかなか立派で見応えがあるのだが、僕が気になったのは別のものだった。またしてもロー

看板には「Banana Pancake」。英語に訳さずとも、ローティはローティでいい気も。

ティの屋台が出ていたのだ。しかもなんと、先ほど食べたのとまったく同じロゴの屋台だった。

旅のお供として持参した、下川裕治さんの本に、タイの屋台がどんどんチェーン化していっていると書かれていた。ここへ来る飛行機の機内で、その記述を読んだばかりだったのだ。実態を目の当たりにして、なるほどと得心させられた。

旅行中の読書には、僕はなるべく訪れる国を扱っている本を選ぶ。現場で当事者化した視点で向き合うと、日本で読むよりも得られるものが多かったりする。活字で学んだ内容を、すぐさま実体験できるなんて贅沢なことだ。

持ってきたガイドブックのコピーによると、サムイ島は別名「ココナッツ・アイランド」と呼ばれているのだそうだ。島の三分の二が深い緑に覆われ、ココナッツの木よりも高い建物を建てるのは禁止されている。

景観への配慮が徹底していることは、バイクで島を走っているだけでも伝わってくる。美しい島だなあと改めて感じ入る。生い茂るココナッツに目を細めながら、夢見心地でハンドルを握る時間が続いた。

港のそばで市場を見つけたので、バイクを停めてみる。ぐるりと一周しても二、三分という小さな規模ながら、売られている食材の豊かさに感心させられた。島の市場だけあって、海産物がとくに目を引く。

水揚げされたばかりと思しき、イキの良さそうなお魚などを写真に収めていて、フト気が付いた。市場で働く女性たちの多くが、頭にスカーフを被っている。なるほど、イスラム教徒なのだろう。タイは仏教の国だが、南部地域にはイスラム教徒が数多く暮らす。改めて肉売場を覗くと、豚肉は売られていないようだった。

こうした些細な発見にいちいち感激できるのは、海外旅行の醍醐味だ。しみじみしているうちに、少しずつ旅モードにエンジンがかかってくる。

さらにバイクを走らせ、ボープット・ビーチで昼食タイムとなった。オンザビーチの気持ちのいいロケーションに、小洒落たカフェやレストランが立ち並んでいる。いかにも観光客向けという感じで、メニューを見るとかなりお高い。

一番安そうなパッタイを注文。二百二十バーツはローカルの屋台に比べ倍以上の値段だが、せっかくリゾートへ来たのだから、毎食屋台メシというのも味気ない。節約旅行者なので、ディナーはあきらめランチで勝負する。肝心のお味は……いたって普通だった。うーん、まあ、場所代ということで。

お腹がいっぱいになったせいか、午後は運転していてしばしば眠気に襲われた。大して速度も出ないスクーターだから、走っていてもどこか単調なのだ。ただ、油断していると、時折大きなトラックにぐおんと追い抜かれたりして、ヒヤッとさせられる。

無理せず体を休めようと、ラマイビーチで海沿いのカフェに入った。チャウエンよりもこぢんまりとしていて、静けさをウリにしたビーチだが、ここもやはりファランに牛耳られていた。稀にアジア系のツーリストもいるものの、中国人か韓国人ばかり。サムイに来てから、日本人を一度も見かけていない。

アウェイな雰囲気にやや怯《ひる》みながらも、飲み物を頼み人心地つく。砂浜に無造作に置かれた木製の椅子は、座り心地がすこぶる良い。波打ち際まではわずか数メートルの距離。ザザーッと押し寄せる波の音をＢＧＭに、マッタリするのは至福の瞬間だ。

店員の女性にパスワードを訊いて、ｉＰａ

市場で気になったもの。そのＴシャツ、ちょっぴり欲しかったりして。

dをネットに繋いだ。何気なくメールをチェックすると、日本にいる担当編集者から連載のゲラがPDFで届いていた。むむむ。その場で急ぎ校正して返信しておく。

「南国のビーチでも仕事、か——」

独りごちる。どこへ行ってもネットに繋がるのは便利な反面、仕事の呪縛から完全に解き放たれることがなくなった。いまさら異を唱えるつもりはないが、冷静かつ客観的に見つめ直すと、ときには自問したくもなるのだった。

今回も例によって、仕事をたっぷり抱えながらの旅である。実は新刊のゲラをまるまる一冊分持ってきているし、原稿の〆切りも控えている。旅行中とはいえ、どこかで時間を確保して、それらミッションをこなさなければならない。

急に現実に引き戻されそうになった。いけない、いけない。目の前には、南国らしい青く澄んだ海が、太陽に照らされキラキラと輝いている。仕事なんてしている場合ではないのだ。自分には、やはりお気楽な旅行者の方が似合う。

再びエンプティ・ランプが点灯し始めたので、途中ガススタへ寄った。なんとなく六十バーツを渡したら、ほぼ満タンになった。午前中に道端でボトルのガソリンを給油したときには、確か同じく六十バーツを支払っていて、あのときは半分ぐらいしかメーターが回復しなかった。やはり、スタンドで入れた方が遥かに安く済むようだ。

日も落ちてきて、チャウエンへ戻ると、街は昨晩以上の賑わいを見せ始めていた。実は、島をツーリング中に目にした、派手なポスターが気になっていた。フルムーン・パーティを告知するものだった。

　サムイ島の隣に位置する、パンガン島はパーティ・プレイスとして知られる。いわば、聖地の一つだ。満月の夜に開かれるフルムーン・パーティに、世界中から旅人が集まる。ポスターによると、なんと明日がその日らしい。

　サムイ島に滞在しながら、日帰りで訪れる人も多いのだろう。ヒッピー風の格好をした若者たちが妙に多くいるなあと、訝《いぶか》っていたところだった。チャウエンのバーやクラブで

フルムーン・パーティを告知するポスターを島じゅうで見かけた。

は、今晩は前夜祭が開かれる。街が浮ついた雰囲気なのは、そのためだ。フルムーン・パーティ、か——。インドのゴアや、ブラジルのトランコーゾなど、かつてはその手の聖地を意識的に目指したりもした。独身時代は収入の多くをレコードに費やし、DJ活動に夢中だった過去もある。

それゆえ、パンガン島のフルムーン・パーティには少なからず興味は募るのだが、問題はスケジュールだった。明日の便で島を発つ予定なのだ。フライトを一日遅らせる案も浮上したが、結局思いとどまった。

一人で遊びに行って、踊り明かすほどのモチベーションが正直湧いてこなかった。ファラン的なノリに馴染めそうもないと感じたのも大きい。若い頃ならいざ知らず、あの狂乱の中へ分け入っていくには重い腰を上げる勇気が求められた。歳のせいもあるのかもしれない。四十の大台がそろそろ見え始めた旅人である。

喧噪から逃げるようにして、バイクを郊外へと走らせた。すると、暗闇の中でそこだけやけに明るい一画を見つけた。ナイトマーケットに見えた。夏祭りの縁日のような雰囲気に誘われ、バイクを停めてさりげなく見学してみる。

広場は屋台で埋め尽くされ、裸電球の素朴な明かりがじんわりとあたりを照らす。洋服の屋台、雑貨を並べる屋台、そして食べ物の屋台。それらに群がっているのは、圧倒的に地元のタイ人たちだ。飛び交う言葉はタイ語のみ。チャウエンやラマイビーチではあれほど見かけた外国人の姿が一気に消失した。あまりにもローカルな空間に、どこか別の街へ迷い込んだかのような衝撃を覚えた。

やけに人が群がっている屋台があった。なんだろうかと覗くと、ルーレットのようなゲームに人々が熱狂していた。テーブルの上に書かれた数字に、勢いよくお札を置いていく。タイ式のギャンブルの一種だろうか。

ディーラー役の男が「はい、そこまで！」と合図をすると、釘打ちされたパチンコのような台に小さな玉が投入される。玉が入る数字が的中すると、当たりらしい。

賭けられているお金の額は、屋台とは思えぬほどにダイナミックだ。中には二十バーツ札をちびちびという人もいるが、多くは百バーツ単位。千バーツ札を気前よくポンと置いていく人も結構いて、僕はポカンと口を開けてしまった。

数字が外れると、それら大金は即座に回収されていく。敗北を喫した人たちは、悔しい表情を浮かべながらも、懲りずに賭けを継続する。賭け事が好きな国民性なのは、アジアらしいと言えばアジアらしいが、見ていてハラハラさせられるのだった。

そんな悲喜こもごもの人間ドラマを観察していると、ドカドカとした音楽が聞こえてきた。音の鳴る方へ歩を進めて、僕はアッと声を上げた。

コンサートが催されていたのだ。背の高いココナッツの木の下に設置されたステージ上で、セクシーな衣装に身を包んだ若い女性歌手がマイク片手にくるくる舞う。

声を張り上げながら熱唱しているのは、この国で「ルークトゥン」と呼ばれる演歌だ。日本だと、演歌というとどこか哀愁が漂う。タイのルークトゥンも同様に、色恋沙汰やら人生の不条理やらを歌うものではあるが、音の傾向はまるで違う。アップテンポなビートに乗せて、ぐいぐいテンションを上げていく。ダンサブルなこの音楽が僕は大好きで、タイへ来る度にCDを買い漁っている。

おじさんたちが顔を赤くしてステージに見入っていた。鑑賞できる位置にテーブルや椅子が設えられ、ビールの大瓶が何本も空いている。ビアガーデンの余興といった雰囲気だ。おばちゃんたちは我慢できなくなったのか、席を立って音に合わせて体を揺らしリズムを取っている。

背の高いココナッツよりも遥かに高い上空に、月がポッカリと浮かんでいた。満月を翌日に控え、大きさが最大値近くまで増しているそれを目にして、僕は腑に落ちた。これは、タイ人にとってのフルムーン・パーティなのだ。

外国人が大挙して押し寄せるリゾート・アイランドとはいえ、そこには暮らす人たちの日常がある。彼らは彼らなりの流儀で、満月の訪れを祝う。

「自分はこっちかな」

　僕は心密かにシンパシーを感じたのだった。

　チャウエンへ戻り、バイクを返却した。ルークトゥンの興奮も冷めやらぬまま、近くで見つけた一軒のシーフード・レストランのテラス席に腰掛けた。

「コーヒーできますか？」

　喫茶店ではなく、食事をするような店だったから、控えめに訊ねたのだが、オーダーを取りに来た女性は力強く頷き、こう言った。

「ダーイ、ダーイ、ダーイ、ダーイ」

　ダーイとは、「できる」という意味だ。同じ言葉を四度も繰り返す、タイ人らしいあっけらかんとした様に、僕は内心ほくそ笑んだ。

南国、ビール、そして演歌という組み合わせは最強すぎるっ！

出されたコーヒーはとびきり甘かった。とろけるようなこの甘さが、かけがえのないものに思えてならなかった。

(4) 続・フルムーン・パーティ

四百バーツの言い値を値切り、三百バーツでタクシーに乗った。空港までは大した距離はない。アッサリまけてくれたところを見ると、運転手にとっては三百バーツでも金星なのかもしれなかった。

十時二十分発というフライト時間は、なかなか悪くない。二時間前にチェックインとしても、八時過ぎに空港へ着けばいいわけだ。極端な早起きは強いられず、ホテルで朝食をとったうえで出発できる。

東南アジア旅行、三日目。この日はサムイを発ち、次の街へ移動する。といっても、国内線だ。チェンマイ行きの便に予約を入れていた。例によってバンコクを避けるようなルートで、タイ第二の都市を目指す。

乗るのは、引き続きバンコクエアウェイズだ。この国のフラッグキャリアであるタイ国際航空は、サムイからチェンマイへ直行する便は運行していない。まさにエアラインパスの恩恵を受けられる、至便な路線と言えそうだった。

サムイの空港は、実はバンコクエアウェイズが所有している空港だったりする。ここへ来るのに利用した香港からの直行便など、ユニークな路線が多いのはそのためだ。以前はバンコクとサムイを結ぶ路線さえも、同社が独占していたほどである。

いまでは他社の便も若干発着する。しかし、いざ空港へ到着すると、明らかにバンコクエアウェイズが幅を利かせているように見えた。チェックインカウンターの数が多く、手続きを待つ人たちのフォーク式の行列もスムーズに流れている。この手の地方空港では、航空会社の力関係が垣間見られるのが興味深い。

よく勘違いされるが、バンコクエアウェイズはＬＣＣではない。タイにおいては第二の航空会社という位置付けだが、タイ国際航空と比べてもサービスは充実している印象だ。

アジアン・ブティック・エアライン――。

同社が自称するそんなキャッチコピーは、普通の航空会社とは一味違う飛行体験を提供する自信の表れともとれる。

たとえば空港ラウンジは、ウリの一つと言えるだろうか。航空会社の空港ラウンジというと、ビジネスクラス以上の乗客か、上級会員ステータスを保持する常連だけが利用できるのが一般的だ。この常識を覆したのが同社だった。

エコノミークラスの乗客であっても利用可能なラウンジを用意しているのだ。他社にはない、大きなアドバンテージである。僕もバンコクのスワンナプーム国際空港から同社の便に乗るときは、チェックインを済ませたらラウンジへ直行するのが密かな楽しみの一つになっている。

サムイは同社の拠点空港だけあって、ラウンジ機能も特筆すべきレベルだと感じた。いわゆるラウンジと聞いて想像するような空間は存在しない。特定の個室が用意されるのではなく、搭乗口の手前のスペースがそのままラウンジを兼ねているのだ。

ウッディなつくりのリゾート感溢れる空港である。オープンエアの庭園に椅子が置かれ、乗客たちがリラックスしている様を目にすると、自分がどこにいるのか分からなくなってくる。

飲み物や軽食類は、専用コーナーが用意されていた。もちろん、すべて無料である。子ども向けの遊具のほか、喫煙所も屋外にある。Ｗｉ－Ｆｉが使い放題なのも、個人的には高得点をあげたくなった。

そういえば、一昨日到着したときにも、開放感のあるカートで飛行機から建物まで運んでくれたのを思い出した。着いてから帰るまで、徹底して客のリゾート気分を盛り上げてくれる空港は、世界広しといえどもそう滅多にないだろう。

機内に乗り込んでからも、発見は尽きなかった。座席の上に搭載されたモニタに映像が流れ始めたときのことだ。飛行中の注意事項や、緊急時の脱出方法などを説明するお決まりのものだが、その内容があまりにぶっ飛んでいた。

航空会社によっては、キャビンアテンダントが救命胴着を取り出し、空気の入れ方を実演して見せてくれたりする。その映像でも、制服に身を包んだ綺麗な女性たちが登場したのだが——。

なぜか飛行機の機体をバックに、踊り始めたのである。BGMにはアイドルポップスのような快活な曲が流れている。まるでミュージックビデオのようなつくりだ。踊っている女性たちは揃って美人で、女性だけでなくイケメンの男性も起用という凝りよう。話題作りを意図したものだろうか。思わずギョッとしてしまったが、こういう演出は案外嫌いじゃない。というより、むしろ大歓迎だ。

ブーゲンビリアに目を細めながら一服。世界一の空港喫煙所かも。

二時間弱のフライトだった。国内線だというのに、結構しっかりした機内食が出てきたのには驚かされた。お酒まではさすがに用意されていなかったので、オレンジジュースを頼む。デザートのチョコレートケーキの上には、「Happy Full Moon」のメッセージを飾りで添えるという心憎い演出も。給仕してくれた女性はモデルさんのような美形で、先ほどのミュージックビデオを彷彿させた。

バンコクエアウェイズ、侮れない航空会社だ。

僕はあえて窓側の座席を指定していた。機内から窓の外を見下ろすと、青々とした南国の海が広がっている。気持ちのいい快晴の中でのフライトになった。目的地チェンマイは内陸部の都市で、海はない。

海から山へ。旅は新たな展開を迎えるのだった。

予想外の暑さが待っていた。チェンマイは周囲を山に囲まれた古都である。南の島からやってきたから、多少は涼しくなるかと思いきや、ぜんぜんそんなことはなく、むしろさらに暑くなったかのようだ。

なるほど、盆地なのだろう。京都なんかも真夏に行くと、その猛暑ぶりに舌を巻く。古都という共通点もあるし、チェンマイはまさにタイの京都という印象だ。

空港の建物を出てすぐのところで、クーポン制のタクシーカウンターを見つけた。市内まではわずか百二十バーツらしい。サムイとは比較にならないレベルの安さにニンマリする。というより、サムイが高すぎる気もしてくる。

タイも年々物価が高くなっていて、リピーターの中にはバンコクは避けてチェンマイを目指す者も増えていると聞く。世知辛い話だが、物価の違いは街の居心地に少なからず影響を及ぼすのも事実だ。

チェンマイへは、なんとなく年に一回ぐらいのペースで訪れている。それゆえ、最近は泊まるホテルが固定化してきた。街の二大スポットであるターペー門とナイトバザールのちょうど中間ぐらいの場所に位置する、某中級ホテルが定宿になっている。

中級といっても、値段は安い。一泊、七百バーツ程度。バンコクで同レベルのホテルに泊まったなら、この倍ぐらいはするだろう。古いホテルだが、部屋は広いし、基本設備は整っている。おばちゃんの愛想がいいのも、自分としてはポイントが高い。

この街も来る度に進化していて、新しいホテルをちらほら見かける。少ない客室数ながら、オシャレな雰囲気をウリにしたデザインホテルのようなところが多いのは、ほかのアジアの都市でも見られる昨今のトレンドと言えるだろうか。

新しくて、綺麗で、それでいて料金もそれほど高くないから、有力な選択肢になりそうだが、個人的にはあまり足が向かない。なぜだろうかと自分でも疑問だったが、ようやく理由が分かってきた。

アジアの旅にオシャレさを求めていないのだ。都会然としたものを望むなら、東京にいればいくらでも手に入るわけで、わざわざ外国まで行く必要がない。良くも悪くもアジアらしいゆるさが心地よく、選ぶホテルも多少ガタが来ているぐらいが味があってベストというわけだ。

地元の人なら誰でも知っていることも、古いホテルの利点だろうか。チェンマイの旧市街は入り組んでいて、一方通行の道も多い。できたばかりのホテルだと、場所が分からずあちこち彷徨うことになりかねないのだ。

空港から乗ったタクシーの運転手には、ホ

この部屋で700バーツほど。まあ、普通だ。窓からはお寺も見える。

テル名を言っただけで即座に通じた。裏道を駆使しながら、最短ルートで連れて行ってくれる。気が付いたらあっという間にホテルの目の前で、あまりのスムーズさに感心させられたのであった。

チェックインは、フロントで鍵をもらうだけだった。ベルボーイが客室まで案内してくれる親切さはないが、その方がかえって都合が良かったりする。迷路のような巨大ホテルならいざ知らず、たいがいのホテルでは部屋番号が分かれば迷うことの方が珍しい。ベルボーイに渡すチップの金額で頭を悩まさずに済むのも気楽だ。

部屋に入り、壁に鍵を差し込むと、電源がオンになる。同時にエアコンが、ガガガと大きな音を立て起動した。リモコンの温度が十九度に設定されているのを見て、僕は苦笑する。節電なんて無縁の世界へやってきたらしい。ポチポチいじって、二十五度ぐらいに直しておく。ルームキーパーが入ったときに、下げられそうだが……。

ともあれ、チェンマイである。それなりに見知った街とはいえ、新しい土地への移動を終えると、旅している実感が湧いてきて心が浮きたつ。

まず向かった先は銀行だった。ATMでお金を下ろしつつ、ついでに通帳への記帳を済ませた。タイの銀行に預金口座を持っているのだ。円高の頃に貯めていたへそくりで、いまのレートで換算すると少し得した気持ちになった。

銀行を出ると、通り沿いの小さな店の前にちょっとした人だかりができていた。野次馬根性を発揮しつつ覗いてみると、人々が飲み物をグイッと呷《あお》っていた。グラスのコップは茶色い液体で満たされている。お茶か何かだろうか。

インドのチャイ屋さんのような光景に目をみはりつつ、さらにじっくり観察していると、説明書きのボードが出ているのに気が付いた。しかも、日本語でも書かれている。それによると、「ナムヤータート・サラーモーン」という飲み物らしい。タイヤイ族秘伝の薬で、滋養強壮や腰の痛みを和らげる効果があるのだという。

僕もトライしてみた。店のおばちゃんが大きな鍋からひしゃくですくい、コップになみなみ注いでくれる。意外なことに温かかった。飲み物と言えばアイスが基本のタイで、ホットドリンクが出てくる時点ですでに興味深い。

肝心のお味はというと、これがなかなかイケル。やや苦みがあるが、生姜が利いていて、ほかにも何かハーブが入っていそうな香りが漂う。風邪気味のときなどに飲むと、体にやさしく染み込みそうな、いたわりを感じるタイプの飲み物。

店自体は薬局を営んでいるようで、そのことが健康飲料としては強い説得力になっていると感じた。第二次大戦前から続く老舗の店なのだそうだ。値段は一杯五バーツと、とびきり安い。ひっきりなしに客がやってきて、グイッと飲み干したら去っていく。もう何十年も前から変わっていないのだろう、古き良きチェンマイの美景に僕は目を細めた。

グイッと飲み干したら、旅の燃料を補給した気分になった。

——さて、どうしようか。

実はホテルのエレベーター内に貼ってあった、「MOTORBIKE FOR RENT」の広告が気になっていた。サムイですっかり味をしめてしまったのだ。バイクがあれば、まるで羽根が生えたように、自分の好きなときに、好きなところへ行ける。

その広告を頼りにホテルでお願いしてもよかったが、念のため街中のバイク店で聞き込み調査してみた。案の定、ホテルで借りるよりも料金が少し安い。一日当たり二百バーツ。サムイではいくらだったかメモを見ると、百

お馴染みのビニール袋輪ゴムぐるぐる止めでテイクアウトする人も。

五十バーツと書いてある。若干高いが、まあ誤差の範囲だろう。

借りたのは、やはり原付スクーターだ。今度はスピードメーターが正常に動作するのを確認し、安堵する。ガソリンも最初から半分ぐらい入っているようだ。

チェンマイでは、ちょっとしたミッションがあった。実は、次の街への移動方法を決めていないのだ。明日には移動したいので、何はともあれチケットを確保しなければならない。

利用しているエアラインパスは、いわゆるオープンジョーでのルーティングにも対応しており、途中に各自移動区間を設けることができる。この点は、世界一周航空券をはじめとした、ほかの周遊型航空券と同様である。

次のフライトはチェンマイ発ではなく、ビエンチャン発で押さえているのだ。ビエンチャンはラオスの首都で、チェンマイからはざっと見積もって七百キロは超える遠方にある。

僕は陸路で移動しようと思っていた。タイの国境の街、ノンカイへ出て、そこからラオスへ入国する。ここからは徐々に、バックパッカーらしい旅になってゆく。

借りたばかりのバイクを走らせ、僕はバスターミナルへ向かった。市内からはとても徒歩で行ける距離ではないので、早くもバイクのありがたみをひしひしと感じた。

チェンマイには複数のバスターミナルがある。ネットで調べたら、ノンカイ行きのバスは市東北部のアーケード・バスターミナルで発着することが分かった。

ところが、肝心のバスターミナルの場所が定かではなかった。グーグルマップで日本語で「アーケード・バスターミナル」と入力しても当然のように出てこないし、英語で検索しても明らかに違う場所がポイントされる。

こういうときは地元の人に頼るのが一番だろうと、地図を見せながら聞き込みをしてみた。すると、みんな口々に別の場所を指差すときた。中には、いかにも分かってなさそうなのに、なんとなく適当に指し示している感じの人もいて、タイ人の適当さに内心舌打ちをした。知らないのなら、知らないって言ってほしい。

そんなこんなで右往左往しながら、やっとこさ到着したバスターミナルを目にして、僕はハッとなった。こ、ここは……。見覚えがあるのだ。以前にもここからバスに乗ったことがあったというオチである。当時は確かトゥクトゥク（三輪タクシー）で連れられてきたので、正確な場所までは把握していなかった。自力で来ないと、覚えないものらしい。

バスターミナルへ入ると、待合室をぐるりと囲む形で、バス会社のブースが立ち並んでいた。どのブースも英語で行き先を併記しているので、外国人でも分かりやすい。ノンカイ行きの表示を見つけたので訊いてみることにした。

ブースでは、若い女性スタッフが暇そうにパソコンでゲームに興じていた。

「明日のノンカイ行き、席は取れますか？」

英語とタイ語のちゃんぽんで僕が質問すると、意外なことに流暢な英語が返ってきた。パソコンの画面をゲームから予約画面に切り替え、調べてくれる。

「あと一席だけ、空いていますね」

えっ、そんなに人気なの!?　と驚いた。マイナー路線に違いないから、てっきりガラガラかと見くびっていた。これは当日だと席が取れなかった可能性も高い。

「それでいいです。それにします」

即決である。料金は九百四十九バーツと、バスにしては結構お高めだが、ＶＩＰバスなのだと女性は胸を張った。うーむ、ＶＩＰねえ。そう言われても、過度な期待は持てないのが本音だが、これも何かの縁だろう。繰り返しになるが、アジアの旅では流れに逆らわ

昔ながらのバスターミナルという雰囲気が、案外心地いいなあと。

ない方が上手くいく。

ちなみにノンカイの隣町ウドンタニまでならLCCの便もある。ウドンタニへ飛んで、そこからバスやタクシーで国境へ向かえば時間を短縮できるが、今回は効率よりも情緒を重んじたかった。たまにはじっくり型の旅も悪くない。

やるべきミッションを無事達成し、ホッとしたらお腹が空いてきた。何を食べるかは決めていた。カオソーイ——チェンマイ名物のカレーラーメンである。

その名もカオソーイ・ラムドゥアンという、市郊外にある店へバイクを走らせる。この街へ来る度に訪れる、自分的定番の一つだ。時計を見ると、午後三時を回ったところだった。昼食というには中途半端な時間だが、いまならむしろ空いているかもしれない。混雑必至の人気店なのだ。

これまたバスターミナル同様、市内からは離れた場所にあるので、いつもは足を確保するのが面倒だった。やはりバイクで移動していると気楽だ。

記憶を頼りに走って行くと、やがて馴染みの看板が見えてきた。

そして次の瞬間、おやっと目をみはった。

店の前に人だかりができていたからだった。行列しているわけではなかった。白人の男性が大きなビデオカメラを抱えている。テレビか何かの撮影のように見えた。店へ入ると、いままさにロケが行われている雰囲気だ。

邪魔にならないように隅っこのテーブルに腰掛け注文する。すぐに出されたカオソーイを堪能しながら、撮影の様子を遠巻きに観察した。ディレクターと思しき男性が指示を出し、ADなのか若い子が忙しそうにバタバタしている。

「仕事をしているなあ……」

つい遠い目になるのは、僕自身も近い業界にいるせいだろうか。映像ではなく、雑誌や書籍といった紙媒体だが、同じくメディアの人間であり、やっていることは大差ない。取材して、絵素材を集める。かつて僕自身も、ここタイでガイドブックの取材仕事をしたこともある。

とくに辛いのが、こういう食事処での撮影だった。時間をかけてライティングを施し、じっくりと何パターンものカットを撮っていく。いかに美味しそうに見えるかに苦心しながらも、出された食べ物はあくまでも被写体なので、食べるわけにはいかないというジレンマ。食いしん坊には酷な仕事なのだ。

炎天下の東南アジアで、汗をかきかき働く男たちを見ていると、なんだか申し訳ない気持ちにもなってくるのだった。彼らに遠慮したわけではないが、ビールは夜まで我慢することにした。バイクを運転しなければならないので、どっちみち飲酒するわけにはいかないのだが。

市内に戻るにつれ、交通量が着実に増してきた。なんだか混んできたなあと思っていたら、そのうちまったく先へ進まなくなってしまった。バンコクほどではないものの、さすがはタイ第二の都市である。通勤・通学ラッシュにウッカリ鉢合わせてしまったようだ。

バイクは渋滞知らずな乗り物だ。若い子たちは、クルマとクルマの間のわずかな隙間を縫うようにしてスルスルと抜けていく。真似して後を付いていったが、本当にぎりぎりの横幅しかないため、慣れない旅人にはなかなかスリルがある。

さらに印象に残ったのは、バイクの人たちの服装がみんな長袖だったこと。半袖短パン

ターペー門周辺。サムイでは見かけなかったトゥクトゥクの姿も。

姿なのは、僕のようなお気楽な外国人旅行者だけなのだ。

なぜだろうかと最初は首を傾げていたのだが、すぐにその理由を思い知らされた。日焼け対策である。沈み始めた太陽が急角度で地上を照らす。陽射しが半端なく強いのだ。暑いというよりも、最早痛いほどで、半日バイクで走っただけで取り返しのつかないレベルまで肌が黒くなってしまった。

小休止がてら立ち寄ったのは、マッサージ屋さんだった。渋滞を突破し、疲れ顔で路地をノロノロと走っていたら、まんまと呼び止められた。

「ハロー・マッサー？」

お決まりの台詞での勧誘。マッサージもいいなあ、とバイクを停め、僕が物欲しげな顔を浮かべたのを見逃さなかったのだろう。抗う余地を与えられず腕を引かれ、あれよあれよというちに入店していたのだった。

一時間のフットマッサージをお願いした。呼び込みしてきたおばちゃんが、そのまま腕まくりして僕の前に座った。

おばちゃんの太い二の腕を見て、期待が高まった。マッサージはもむ人の技量が問われる。これはまったく根拠のない、個人的体験から導き出した私見だが、ふくよかなおばちゃんマッサージ師に外れは少ない。

期待は裏切られなかった。なかなかのテクニシャンなおばちゃんだったのだ。ソファをデレーンと後ろに倒し、半フラット状態で足をもみもみしてもらう。至福の瞬間だ。タイのフットマッサージは、先がやや尖り気味の木の棒を使うのが特徴で、僕はこれが密かに楽しみだったりする。もみもみしながら、時折その棒でツボを押したり、指と指の間をキュッキュッと擦る。

「ニホンジン、デスカ？」

夢見心地でいると、フトおばちゃんと目が合った。日本語を勉強中なのだという。

「ニホンジンと、あとフランスジンは英語しゃべれないから」

フランス語も少し分かるらしい。なるほど、言葉を覚えれば仕事に生かせるというわけだ。向上心のあるおばちゃんである。もまれるだけの暇人としては、おばちゃんの日本語学習に付き合いつつ、会話に花を咲かせるのもやぶさかではない。

「それ、ダイソーで売ってるやつね」

おばちゃんはそう言って、僕の手元のｉＰｈｏｎｅに視線を送った。バッテリーを充電するのに使っていた巻き取り式のケーブルのことを指摘されたようだった。日本の百均の店で買ったものだ。

「よく知ってますね。こっちにもダイソーがあるの？」

「ハイ、全部六十バーツ」

ふむふむ。日本だと三十バーツぐらいだと教えると、それも知っているとのこと。外国を旅していると、たまに驚くほど日本に詳しい現地人に出会う。おばちゃんは、ほかにも日本の情報に色々精通していて、話していて退屈しなかった。

マッサージ店の前には寺院が立っていたのだが、入口になぜか妙にポリスが多いのが気になっていた。ついでに、おばちゃんに訊いてみると、意外な事実が判明した。

「バンコクからプリンセスが来ていマス。だからポリスいっぱい。今日はビッグブッダデー」

へえ、ビッグブッダデーなのね。あれ、そうするともしかしてお酒は飲めない？

「ハイ、今日はお酒はダメです」

ええっ！　まさかまさかの事態である。

タイでは年に何回か仏教がらみの祭日が設けられていて、その日はお酒の販売が全面的に禁止される。今日がその日だというのだ。

良くも悪くもゆるくて適当な国民性のタイとはいえ、ルールが厳格に守られることは体験的に知っていた。仏教へ対する信仰心の篤さを垣間見て、タイ人のことを見直すきっかけになるのだが、一方で酒が飲みたい旅人は途方に暮れる一日でもある。

「セブンでも買えないの？」

僕は縋《すが》る気持ちで、未練がましい質問を重ねた。セブンとは、セブン-イレブンのことだが、この国ではほかのコンビニもすべて「セブン」の通称で一括りにされる。

「セブンもダメ」

おばちゃんが首を横に振るのを見て、僕は天を仰いだ。お酒は我が旅における最大の楽しみである。うーん、うーんと悶々としてしまう。

さらなる驚きの事実に気が付いたのは、マッサージが終了し、帰り支度をしているときのことだった。おばちゃんが唐突に飴をくれたのだ。

「今日はバレンタインだから」

あっ！　すっかり忘れていたが、二月十四日だった。禁酒日でもあり、バレンタインデーでもあったのだ。なんという複雑な位置付けの一日なのだろう。バーで愛を語り合うわけにもいかない。タイ人のカップルたちはどう過ごすのだろうか。

ネットで調べてみると、この日は確かにビッグブッダデーだと判明した。正式には「ワンマーカブーチャー」というらしい。年によって日にちは変わるが、毎年二月の満月の日が該当すると知って、僕はハッとなった。

そう、今日は満月ではないか。サムイのお隣パンガンでは、今晩はフルムーン・パーティが開かれるのだ。昨晩はその前夜祭で大賑わいだったし、ローカルの夜市で僕もタイ式のフルムーン・パーティを楽しんだのを思い出す。そういえば、今朝乗った飛行機の機内食でも「Happy Full Moon」のメッセージを目にしていた。

ここにいたるまでの伏線が一気に収束していく。運命的なものを感じた。

これはもう、徹底的に便乗するしかない。日が落ちてから、僕は寺院巡りをすることにした。古都チェンマイには、由緒正しい名刹が数多い。仏教の祝日というからには、何かしらセレモニーが行われるのでは、と踏んだのである。

予想は的中した。ワット・プラシンというお寺の前を通りかかると、華やいだ雰囲気で満ちていた。チェンマイ随一の大寺院であり、観光スポットとしても有名なところだ。過去に何度か来たことがあるが、いつもの静謐な様から一転して、お祭りムード一色に染まっている。

門を入ってすぐの広場には、無数の蠟燭が灯され、献花に訪れる人の波が途切れず続く。背後で黄金色の本堂がライトアップされ、キンキラに輝いているのもとても絵になる。あまりに幻想的な光景に、僕は言葉を失った。

感心させられたのは、手を合わせていく人々の年齢層がだいぶ若いことだ。せいぜい高校生ぐらいにしか見えない、あどけない顔をした子から、髪の毛を染め、腕にタトゥーを入れた不良っぽい子まで様々だが、とにかくみんな若い。

日本でお寺参りというと、どちらかと言えば大人の嗜みというイメージがある。少なくとも、若者たちが嬉々としながら集うような類いのものではないだろう。タイの奥深さに改めて触れ、宗教というものがタイの人たちの暮らしにいかに根づいているかを知らしめられたのだった。

バイクに二ケツしてやってくるカップルも多い。寺の前に立ち並ぶ露店でお供え物を購入し、手を取り合って中へ入っていく。

バレンタインにお寺参り、か――。

いやはや、素敵ではないか。僕はちょっぴり羨ましくなった。そして同時に、自分のちっぽけな欲望を恥じた。酒が飲めないことを嘆いている場合ではない。

バレンタインにお寺参り。禁酒は辛いが、祭り好きとしてはラッキーな展開かも。

（5）ずっこけ型旅行者

東京ではドカ雪が降ったというメールが奥さんから届いた。一人で雪かきをするのは大変だったという愚痴のような一文も付け加えられていた。ニュースをチェックすると、日本は雪の話題でもちきりのようだった。

タイは今日も快晴だ。嫌みにとられかねないので自粛したが、「暑くて死にそう」と返信したいぐらいに暑い。チェンマイ二日目。日本を出て、もう四日目になる。

いよいよタイを発ち、ラオスへ向かう予定だが、バスの出発は夜である。国境の街ノンカイ行きのバスの切符を昨日のうちに購入済みだ。夜行バスでの大移動に備え、のんびり気味に行こうかという算段も頭をもたげたが、思い直して今日もバイクにまたがった。きっと、落ち着きのない性格なのだろう。ほぼ丸一日使えるので、ジッとしているのももったいないという貧乏心がつい働く。

行ってみたいところがあった。ドイ・ステープというお寺だ。昨晩のお祭りでタイ人の敬虔さに触発され、仏教スポットへの興味を掻き立てられたのだ。我ながら、影響されやすい旅人だと自覚する。

十四世紀に建立されたというドイ・ステープは、北タイ地方に数多く存在するランナー様式の寺院の中でもとくに由緒のあるところで、チェンマイの観光名所としては最重要スポットの一つと言える。寺の名前にもなっているステープ山という山の上に位置し、頂上からの眺望も大層素晴らしいと聞く。

チェンマイへは何度も来ているというのに、ドイ・ステープが未見だったのは、立地的な行きにくさとも無縁ではなかった。なにせ山の上のお寺である。訪れるためには足の確保が必須なのだ。ツアーに参加するか、トゥクトゥクをチャーターするなど方法は色々とあるが、いずれにしろ個人旅行者、とくに一人旅だと面倒だし費用も高くついてしまう。

そもそも、チェンマイはそこらじゅうお寺だらけの街なのだ。市内に点在するそれらを見て回るだけでもうお腹いっぱいという感じで、わざわざ遠方まで足を延ばす気にはなれなかったのが正直なところだったりする。

今回はバイクという強力な武器がある。徒歩の旅では敬遠する理由になっていた寺までの距離が、ツーリングの目的地とするにはむしろお誂え向きに思えたのだった。

ホテルでは朝食を付けていなかったので、途中で食べていくことにした。ドイ・ステープは方角的には市中心部から見て西側に位置する。地図で確認すると、向かう途中のちょうどいい位置に、ニマンヘミン通りがあることに気が付いた。オシャレなカフェやレストランが立ち並び、チェンマイではトレンドスポットとされるエリアだ。

このエリアにはお気に入りの美味しいお店もあったりして、チェンマイへ来ると滞在中最低一度は行くのだが、これまた市内からは少し離れた場所なのがネックだった。いつもはソンテオという乗合バスで、渋滞にもまれながら亀のように時間をかけて辿り着く。バイクならスイスイで楽チンだ。

オープンテラスのカフェに入り、クレープを注文した。朝から豪勢だが、せっかくニマンヘミン通りまで来たのなら、屋台で済ませるのもナンセンスだろう。

お酒は飲むが、甘いものにも目がないタイプである。日本にいるときは、朝ご飯の傾向としては甘いものが中心だったりする。自称、

クレープの中にはアイスクリームも。あま〜いけど、アロ〜イ！

スイーツ男子。アジアの旅ではよく、地元の女子高生で賑わう店内で、この手の甘いものに一人静かに涙している。恥ずかしい気持ちはあるものの、こればかりは止められない。出されたクレープは、脳みそがとろけそうになるほどの激烈な甘さだった。生クリームたっぷり、シロップもドバドバ。タイのスイーツでは珍しいことではないのだが、洋風のオシャレな店の雰囲気から油断してしまった。飲み物に頼んだコーヒーにも当然のように最初から砂糖が入っている。ブラックにしてくれと言えば良かった。

　まあでも、食べ進めているうちに、違和感はなくなってくる。暑い国では甘さこそが正義なのだ、と良く分からない論法で自分を納得させる。味覚がタイ人化してきているようだ。そのことを自覚するのは、満更でもなかった。

　お腹も満たされたところで、西へと進路をとる。徐々に建物などの人工物が減り、空間密度が薄くなってきた。さっきまで遠く前方に見えていた山並みがどんどん近づいてくる。目的地はあの山の上だ。

　観光バスが何台か横付けされていた。流れる景色の中で、看板の文字をチラリと見遣ると、「ＺＯＯ」と書いてあった。なるほど、動物園か。何年か前に、チェンマイの動物園にパンダがやってきて、大きな話題になったと聞いたことがある。ここが噂のスポットというわけだ。

その動物園を通り過ぎたあたりから、道は唐突に斜面に変わった。きついカーブでの蛇行を繰り返しながら、つづら折りの山道を上っていく。非力な原付スクーターで走るには心許ない、ダイナミックなヒルクライムだ。

——こんなバイクで大丈夫だろうか。

不安を覚えた刹那だった。いまさらながら気が付いた。ガソリンを給油するのを忘れてしまったのだ。自分だけお腹いっぱいになって、愛車がガス欠だなんて笑えない冗談だ。

メーターは四分の一を切ったあたりで、エンプティ・ランプはまだ点灯していない。この先の距離によってはぎりぎり足りそうな気もした。来た道を引き返して、街中までガソリンを入れるためだけに戻るのもかったるい。

さて、どうしよう。運命の分かれ道である。

スマホの地図で距離を確認しようにも、電波は非常に不安定だし、正確な地図データが表示されず、判断材料にはならなさそうだ。サムイのときのように、ボトルでの小売りをしてくれそうな気の利いた店があれば大助かりなのだが、深い緑に覆われた山中ではそれも期待できないだろう。

しばし逡巡して、結局戻ることにした。途中で万が一ガスがなくなって立ち往生、なんて事態になったら目も当てられない。それにいくら馴染みのタイとはいえ、いちおう外国である。石橋を叩いて渡るような用心深さは常に持ち合わせていたい。

我ながら小心者すぎて情けなくなってくる。しかも、完全に自分の落ち度だ。

いったん街へ帰りガソリンを満タンにし、再び山道を上り始めた。気持ちが逸るのを抑えつつ、極力安全運転を心がける。険しいカーブがこれでもかと続くヒルクライムは走り甲斐がある一方で、気を抜くと事故に繋がりそうな危うさも孕《はら》んでいる。

引き返した地点まで辿り着いたときには、振り出しに戻った気分だった。注目すべきは、ここから目的地のお寺までの距離だ。結構遠いようなら、給油に戻った意味があると言えるのだが――。

拍子抜けしてしまった。めちゃくちゃ近かったのだ。なんじゃそりゃ、というオチである。これならビビらず直行するべきだった。後悔するも後の祭り。なんとなくこういう展開になることを予想もしていたのだが、いざ直面すると徒労感が込み上げてきて、やるせなくもなるのだった。

もっとスマートかつ颯爽と旅ができたら……と常々願っている。理想と現実には大きな隔たりがあるらしい。旅の本を書いたりしているせいか、たまに誤解を受けるのだが、基本的に「ずっこけ型の旅人」である。

ドイ・ステープへ到着して、まず驚いたのは人出だった。

とんでもなく大盛況なのだ。駐車場は隙間なく埋まり、バイクを停めるスペースを探して右往左往してしまったし、ケーブルカーに乗るのにも行列ができている。ズラリと露店が立ち並び、門前町のような雰囲気の中、わらわらとやってくる観光客へ客引きの声が飛ぶ。行けども行けども景色は樹木だけ、という山中の自然味溢れる道を走ってきただけに、この一大観光地ぶりはまったく予想できないものだった。

お寺はここからさらに高台に位置しているようだ。階段も用意されているが、勾配があまりに急であることに怯み、しぶしぶケーブルカーの列に並んだ。ずっこけ型なのに加え、根性も体力もないヘタレ旅行者である。

チケット売場に二十バーツと書いてあったので、お釣りのないようぴったり二十バーツ札を差し出すと、入場料が別に三十バーツ必要だから計五十バーツだと言われた。うーん、隣のタイ人は二十バーツしか払っていなかったような……。外国人料金なのだろうか。なんだか釈然としないが、払わざるを得ない。

とはいえ、お寺は素晴らしいの一言だった。これまでタイでは数々の寺院を見てきたが、自分の中のランキングが入れ替わりそうだ。

とりわけ感動したのが、ランドマークとも言える巨大な黄金の仏塔だった。そのキンピカ具合が、ちょっと尋常じゃないレベルなのだ。抜けるような青空の中、根元から先端まで完全に金色一色の大仏塔が輝き聳え立っていた。あまりの眩しさに、僕はパッと見た瞬間心を奪われてしまった。

かつて京都へ行ったときに、銀閣よりも金閣の方がビジュアル的には圧倒的に好みだと確信したのを思い出した。銀閣の方が日本的なわびさびが感じられていいという意見もよく耳にするが、僕には恐れながら地味に見えた。

どうやら派手好きらしい。ゴールドの輝きは人を魅了するのだ。

タイのお寺へ行くと、あちこちキンピカで、金以外の色使いも原色系の派手めなものが主力だ。僕がタイという国にシンパシーを覚えるのも、こういう根っこのところでの好みというか、センスみたいなものに共感できるからかもしれない。

それにしても人が多い。絶え間なく観光客がやってきて、バシバシ記念写真を撮り、去っていく。欲を言えば、もう少し静かな

人が入らない写真を粘って撮影。キンピカ度合いはタイの寺院でナンバーワンかも。

雰囲気だとなお良かった。

自分のことは棚に上げ、つい人の多さを嘆いてしまう。いつものことだ。ずっこけ型で、ヘタレで、さらには身勝手な旅行者である。

（6）国境越えはロマンなのだ

チェンマイの街中へ帰ってきて、バイクを返却した。バスの出発まではまだ少し時間があるが、僕はもう十分に満足していた。体力を消耗したのも大きい。炎天下の中、乗り慣れないバイクでの長距離ツーリングである。

今回タイでバイクを運転してみて、フト考えさせられることがあった。それは何かというと、バイクタクシーの運転手の心境についてだ。

後部座席に客を乗せ、タンデム走行で希望の場所へ連れて行ってくれるバイクタクシーは、東南アジアではあちこちで見られる営業形態だ。ここタイでも、「モーターサイ」という名で親しまれている。

バイクなので渋滞の影響を受けないし、自動車は入れない裏道を抜けられたりと小回りも利く。そのくせ料金が格安なので、旅行者でもお世話になることの多い乗り物と言えるだろうか。僕も数え切れない回数利用している。

モーターサイの運転手は、大抵はタイで「ソイ」と呼ばれる路地の入口で客待ちしている。橙色のゼッケンのようなチョッキを羽織った一団が、暇そうに談笑している光景を、バンコクの街中などでもよく目にするはずだ。

ベトナムやカンボジアへ行くと、旅行者の多い安宿街などで積極的に声をかけてくる者もいる。地下鉄のような分かりやすい交通手段がない街にいて、土地勘もないからバスにも乗りにくい、という状況に陥ると、つい利用したくなる便利な乗り物なのだが、これが案外曲者で要注意だったりする。

相場を知らない外国人と見るや、平然とボッタクリを試みてくるし、頼んでもいないのに観光ガイドを買って出る輩にも何人も出会った。交通ルールなんてあってなきのごとしで、無茶な運転をするからヒヤッとさせられる場面も少なくない。

タイのモーターサイは比較的まともな印象だが、それでも価値観の違いにしばしば戸惑う。とくに厄介なのは、自分が行きたくない場所だと乗車拒否してくることだ。これは自動車のタクシーも同様なのだが、乗る前に行き先を告げ、運転手が首を振ったらあきらめなければならない。

無条件でどこへでも連れて行ってくれる、日本のタクシー文化に親しんだ者としては、あまりの殿様商売ぶりに感心させられる。この国のタクシー運転手にとって、お客様は神様ではないらしいのだ。

前置きが長くなったが、今回考えさせられたのは、そんなにっくきバイクタクシーについてである。実は、彼らに同情する気持ちが芽生えてきたのだ。

日中のタイは暑い。とにかくめちゃくちゃ暑い。ちょうどいまは雨季と乾季の狭間の暑季ということもあり、もう手の施しようのないレベルで暑い。そんな中で、わずかな日銭のために客を乗せてバイクを走らせるなんて、骨の折れる仕事なのだ。

——そりゃあ、行きたくもない場所なら拒否したくもなるよなあ。

——どこかにチョロそうな外国人がいないか、一攫千金を狙いたくもなるよなあ。

そんな気持ちも分からないでもないのだ。思わず、同意したくなったのである。何事も相手の身になって考えてみると、これまで気が付かなかった世界が見えてくる。

どうやら調子に乗って走りすぎたようだ。要するに疲れたのだ。バイクなんてとっとと返却して、ビールでも飲みつつ、マッタリしたい気分だった。

旧市街の外れにある、行きつけのレストランへ向かった。シンハーの大瓶と、つまみにサイルアという北タイ名物のソーセージを注文した。濃厚な味付けで、ビールがぐいぐい進む。やや時間は早いがこのまま夕食にしてしまおうと、カオニャオ（餅米）と、野菜炒めなども追加でオーダーする。

フェイスブックを覗くと、みんなのタイムラインが雪景色の写真で埋め尽くされていた。日本は大雪の余波でてんやわんやのようだ。自分がいま身を置く世界とのあまりの落差に、同じ地球上の出来事には思えない。

　やがて日が落ちてきて、暑さも徐々に和らいできた。二本目のビールの瓶の残りをグラスに注ぎきり、グビッと一気に飲み干す。チェンマイ最後の晩餐だった。


　ホテルに戻り荷物をピックアップした。朝のうちにチェックアウトは済ませてある。そのままトゥクトゥクを捕まえようと通りに出たら、珍しくタクシーが走っていたので飛び乗った。チェンマイ市内は流しのタクシーが少ないのだ。

　アーケード・バスターミナルまで行ってほしいと伝えると、

「どこまで行くんですか？」

　と運転手に訊かれた。ノンカイだと答えると、ラオスを目指すのだと理解したのだろう。車内ではラオスについての話題になった。饒舌な運転手だった。

サイルアはビールがぐんぐん進む。これが食べたくてチェンマイへ来たくなるほど。

「ラオスとチェンマイは同じだよ」

運転手の言葉にハッとなる。

「えっ、言葉も？　食事も？」

「同じ、同じ。ラオス人は兄弟みたいなものさ」

そう言って、運転手はカーステレオのボリュームを上げた。こぶしの利いた歌声が車内に響き渡る。ＢＧＭに演歌を流す、いかにもタイっぽいタクシーだった。

「ラオスのなんだっけな。いい曲があるんだよ。こんな感じのやつで」

運転手はそう言って、鼻歌を口ずさむ。曲名までは思い出せないようだった。それでも、運転手の口ぶりから、きっといい曲なんだろうなあということは伝わってくる。いなたい演歌と、運転手の鼻歌に聞き入っているうちに、車はバスターミナルへ到着したのだった。

百五十バーツの言い値で乗ったが、細かいのがないと言ったら百四十バーツにまけてくれた。タイ人のこういうゆるさが僕にはたまらなく心地いい。

乗るバスはすぐに見つかった。停車しているほかのバスと比べ、外観からして明らかに少しゴージャスだ。昨日切符を買ったときに、お姉さんがＶＩＰバスだと自慢げに語ったのを思い出した。

入口の横に制服を着た車掌さんらしき女性が立っていた。切符を見せ、荷物を預ける。二階建てバスの二階、その最前列が僕の座席だった。通路を挟んで左に一席と、右に二席ずつが並んでいる余裕のあるレイアウト。一席の方だった。ふかふかのソファは背もたれがグッと後ろに倒れ、リクライニングも申し分ない。

出発直前には、先ほどの車掌さんがやってきて、サンドイッチとお菓子、さらには飲み物が配られた。さすがはＶＩＰバス。まったく期待していなかっただけに、予想外の好待遇に感心させられた。これまで日本を含め、自分がアジアで乗ったすべてのバスの中でも最も豪華かもしれないと思った。

最前列なので窓の外の景色が望めるのもラッキーだった。とはいえ、街を出て山道に入ると真っ暗で何も見えなくなった。テレビでは映画が上映されていて、暇なのでなんとなく眺めていたら、結局最後まで鑑賞してしまった。展開は王道のハリウッド映画という感じで、それにカンフーアクションのようなアジア要素がミックスされていて、言葉が分からなくてもなかなか楽しめたのだった。

タイを舞台にした映画だが、アメリカ人のＲＺＡが出演していたのも、個人的には気になった。彼が所属するウータン・クランというヒップホップ・グループの曲は、学生時代よく聴いていたのだ。ネットで調べたところ、「トムヤムクン２」という実に安直なタイトルの映画だと分かった。いきなり「２」から観てしまったが、機会があれば「１」も観てみたいと思い、念のためメモに取った。

映画が終わった頃には、車内はひっそりと静まっていた。律儀に最後まで観ていたのは僕だけのようで苦笑する。夜行バスなんて近頃はすっかりご無沙汰していたから、興奮してなかなか寝付けないのだった。


目が覚めたときには、窓の外は薄明るくなっていた。バスは閑散とした街中をノロノロと進んでいる。まだ朝早すぎるせいか、屋台の姿はおろか、歩いている人も数えるほどしかいない。チェンマイとは比べものにならない田舎街だ。

やがて道路脇に停車して、隣の席にいたカップルが荷物をまとめ降りていった。

——あれ、もう着いたのだろうか。

今晩の宿泊場所はこちら！　夜行バスに乗るのは何年ぶりだろう。

慌てて一階に降り、車掌さんに確認すると、ウドンタニだと教えてくれた。目的地ノンカイまでは、ここからさらに一時間ぐらい走るというので席へ戻った。

網ポケットに入れていた配給品に手を伸ばし、サンドイッチを頬張っていると、なぜか先ほどのカップルが戻ってきた。よく見ると、外国人のようだった。彼らもここがノンカイと勘違いしたのかもしれない。

再びバスが出発し、僕はうとうとしているうちに二度寝の体勢に入った。気が付いたときには、ノンカイのバスターミナルに着いていたのだった。

途中でおまわりさんのような制服姿の男性に起こされた気もするが、記憶はおぼろげだ。確か隣のカップルはパスポートを差し出していた（ような気もする）。国境が近いので、検問があったのだろうか。僕がむにゃむにゃしているのを見て、あきらめて去っていったのだろうか。

うーん、夢だったりして。睡眠へ対する貪欲さには自分でも舌を巻く。

ヨレヨレしながらバスを降りると、即座に数人の男たちに囲まれた。トゥクトゥクの客引きらしい。国境まで百バーツで行くという。

まだ寝ぼけていて頭が回転しない。僕がボーッとしているのを、渋っていると勘違いしたのか、男たちは看板を指差し、

「ここに料金が書いてある。国境までは八十バーツが公定料金なんだ」

と頼む前から勝手に値引きしてくれた。うーん、なんだか素朴だなあ。

片側三車線はある広い幹線道路を小さなトゥクトゥクで国境へ向かう。ゴトゴトと揺られているうちに、少しずつ意識が覚醒していった。

建物はまばらで、人の姿も少ない。時折、巨大なトラックが黒煙を撒き散らしながら追い抜いていく。これぞド田舎というかなんというか、とにかく殺風景な道中だ。まあ、国境の近くなんてどこもこんなものだろう。

十分ぐらい走って、前方に大きなゲートが見えてきた。赤青白の三色のラインに彩られたタイの国旗が存在感を放っている。国境に到着したのだった。

僕が百バーツ札を差し出すと、運転手の男は財布を広げながら、上目遣い気味に見つめてきた。

「二十バーツのお釣りね、あるかな。あれ、ないな。チップということでどう？」

そんな雰囲気の小芝居だ。いやはや呆れるのだが、まあ二十バーツぐらい別にいいかと首肯しようとした瞬間、

「あったあった」

と男は二十バーツ札を取り出したのだった。

罪悪感にかられ、翻意したのだろうか。やっぱり素朴だなあ。悪人にはなりきれなそうな田舎男の振る舞いがおかしかった。

パスポートを取り出し、イミグレーションの列に並んだ。といっても前にいるのはわずか数人で、すぐに自分の番になった。ポンッとスタンプが押され、無事出国。

アジアのイミグレは本当に気楽だ。これがアメリカだったら、こうはいかない。根掘り葉掘り質問され、英語が分からずまごついていると、それだけであらぬ疑いをかけられる。そんなネガティブな体験ばかりしてきた。

知人のカメラマンが以前に僕に話した言葉が興味深かった。

「自分はアジアの方がハードルが高いですね。むしろアメリカが一番安心です」

世話になったトゥクトゥク運転手。見るからに人が良さそうだなあ。

きっと、旅人として育った環境の違いなのだろう。僕は初めての海外旅行が世界一周で、その最初の訪問地がアジアだった。安宿に泊まって、屋台でご飯を食べ、陸路で国境を越えるような旅が原体験にあるせいか、そういうアジアでのスタイルこそが我が旅の標準になっているというわけだ。

それゆえ、海外旅行と言えば欧米が基本、という人たちと話すと、たまに認識のズレを感じたりする。別にどちらがいい悪いではなく、仕方のないことだ。

気楽に感じたのには、もう一つ理由があった。ここへ来るのは初めてではないのだ。それも約三年前と、割と最近である。まさかこうもすぐまたやって来るとは、あのときは思いもよらなかった。ちょうど会社の退職を決めた直後だった。将来への不安と葛藤を吹き飛ばす意味も少なからず込めた、逃避行のような旅だったのを思い出す。

あれから三年か――。あっという間と言えば、あっという間だし、内容の濃い三年だったとも言える。いまもこうして旅をしていて、旅のことを書いていられるのは幸福なことなのかもしれない。

柄にもなく感慨に浸ったのは、国境越えがもたらすロマンチシズムのせいだ。陸路で国と国をまたぐ。旅人にとっては、これぞハイライトと言えそうな局面である。

ラオスとの間に架けられた友好橋を渡るバスに乗り込むと、僕は静かな興奮に見舞われた。

島国日本に暮らしていると、普段はピンとこないのだが、世界はこうして繋がっているのだと実感を持って腑に落ちる。これほどダイナミズムを感じられる瞬間はなかなかないだろう。

ラオスはタイと同じ小乗仏教の国で、昨晩チェンマイで乗ったタクシーの運転手も言っていたように、その文化的背景には類似点も多い。とくに国境で接するタイ東北部のイサーン地方と比較すると、人々の顔つきも似ているし、パッと見では大きな違いはないような気もしてくる。

しかし、旅人は些細な変化に敏感になる。陸路の旅だからこそ得られるささやかな発見と言ってもいい。

たとえば、看板の文字がタイ語よりもさら

ラオスへ入国！　陸路での国境越えは、紛れもなく旅のハイライト。

に丸っこいものに変わった。道を走っているクルマのランクが明らかに落ちたなあという感想も抱く。発展著しい東南アジアにおいて、ラオスだけはやや周回遅れ気味な印象を抱いていた。そのことを裏付けるような素朴な光景を前にすると、国が変わった実感が湧いてくるのだった。

白人の旅行者が「VISA ON ARRIVAL」の窓口に並んでいるのを横目に、僕は入国審査のブースへ向かった。日本人は例外的にビザが不要なのだ。この国へは日本からのODAが盛んだという。国境からビエンチャンへ向かうバスの車体には、国旗の日の丸が存在感を放っていた。親日的な国の方が、旅するにも居心地はいい。

そのバスに乗ろうとしたときのことだ。トゥクトゥクの運転手に声をかけられた。ビエンチャンまで四百バーツで行くので、乗っていかないかというお誘いだった。バスだとせいぜい三十バーツといったところだ。

「バスで行くのでいいです」

と断ると、アッサリと引き下がるのはラオス人っぽいなあと感じた。タイ人も強引ではないものの、言い値を下げるなりして、多少なりとも食い下がる。良くも悪くも商売っ気の薄い国民性だとは、前回ラオスに来たときにも痛感したことだった。

新しい国へやってきた。タイとはしばしのお別れだ。

第三章　ラオス

（7）パンの匂いが漂う街角

ノンカイからラオスへ入り、バスでビエンチャンへ出た。この国の首都である。メコン川近くに位置する安宿街へやってくると、英語の看板を掲げる土産物店やレストランが三年前よりグッと増えていて、僕は目をみはった。

その名もファランスワギン通りという。偶然にしてはできすぎた名前だが、このエリアに来るとファランの姿ばかりが目につく。バンコクのカオサンと雰囲気は近いものの、規模はずっと小さい。カオサンもかつてはこんな感じだったのだろうなあと想像したくなるようなところだ。

僕はこのエリアで泊まる宿の目星を付けていた。以前に来たときにも泊まったところで、記憶を頼りに歩いて行くと簡単に見つかった。

予約はせずに、直接行ってみて部屋探しをするのは久しぶりだ。

「Do you have a room tonight?」

世界一周していた当時、何度この英語の台詞を口にしただろうか。今回の旅の裏テーマが「バックパッカーごっこ」であることを再認識する。空いてなかったら、重い荷物を持って別の宿を当たらなければならない。宿なし状態は不安なもので、フロントのお兄さんが「イエス」と頷くまでは内心ドキドキだった。

部屋は空いていた。二十万キップと、二十五万キップの二種類のランクがあると言われ、実物を見せてもらって高い方の部屋にした。二十五万キップの部屋にはテラスが付いていたのが決め手となった。若い頃なら有無を言わさず安い方を選んでいただろうなあ。少しは成長したのかもしれない。

いきなり通貨単位が変わった。まだ両替していないので、ラオスのお金は持っていないと伝えると、支払いはタイバーツでもいいと言われた。二十五万キップは、ちょうど千バーツらしい。桁が多くて分かりにくいが、千キップが四バーツ換算か。日本円とのレートではなく、タイバーツで計算していると、自分が陸路で国境を越えてきた実感が湧いてくるのだった。

部屋の鍵と、Ｗｉ－Ｆｉのパスワードが書かれた紙きれをフロントでもらった。紙きれを裏返して驚いた。誰かのパスポートのコピーなのだ。節約のために裏紙を使って印刷したのだろうが、さすがにマズイのではないだろうか。

しかも、そのパスポートは日本人のものだった。途中で微妙に切れているが、名前やパスポート番号まで読み取れてしまう。いやはや、いやはや……。セキュリティ意識のなさに呆れるが、見なかったことにしておく。

荷物を広げ人心地つき、すぐに街へ繰り出すことにした。真っ先にやるべきミッションは二つある。ラオスキップがまったくないので、まずはそれを入手する。それと、ここいらで衣類の洗濯を済ませておこうという魂胆があった。

こういう雑用を済ませるうえでは、安宿街は便利だ。

お金はホテルのすぐそばにあった両替屋で速攻で手に入った。タイバーツや日本円も両替できるようだが、貴重品袋にへそくりの米ドル紙幣が入っているのを思い出し、ここぞとばかりそれを活用する。

一米ドルが一万五千九百九十キップになった。バーツやら米ドルやら、色んな通貨が錯

ファランスワギン通り周辺は英語看板が並び、ミニ・カオサン状態。

綜して、頭がこんがらがってくる。数字の計算は大の苦手なのだ。

続いて洗濯だが、僕は端からランドリーに頼むつもりだった。宿の洗面所で自分でごしごし洗うのがバックパッカーの常識だが、正直なところ洗濯も得意ではない。なんでもかんでもお金で解決するのは本意ではないものの、面倒なことは極力避けたい主義でもある。

そんなワガママが許されるのも、アジアの安宿街ならではと言えた。料金が格安なのだ。小さな仕立て屋さんのような店の前に、「LAUNDRY」と英語の表示が出ていたので訊いてみると、一キロ当たり一万キップと予想通りの低価格にほくそ笑んだ。しかも、今日の夜には仕上がるという。

これにて、ミッション完了。何の障害もなくスムーズに事が運び、少々物足りなさを覚えるほどだが、トラブルなんか御免なのでこれでいいのだ。

やるべきことを終えると、お腹が減ってきた。考えたら、夜行バスで移動して、そのまま息もつかずに国境を越えてここまでやってきたのだ。バスの車内で配給品のサンドイッチにパクついて以来、何も口にしていない。

品定めする目で、通りに並ぶ飲食店を見て回る。まだ朝も早い時間帯だからか、営業している店は限られるようだった。見るからにツーリスト向けという雰囲気のレストランでは、軒先の看板で朝食メニューを果敢にアピールしている。

コンチネンタルブレックファスト——名前は格好いいが、中身は大したことない。トーストに卵、コーヒー、ジュース。誰でも作れそうだし、しかも原価も安そうだが、一丁前にいい値段がするのはさすがはツーリスト向けの店といった感じだ。

惹かれたのは一軒のパン屋さんだった。イートインのスペースを併設したカフェのようなところで、通りの外にまでパンを焼く香ばしい匂いが漂っていて、その匂いにつられるようにして僕は足を踏み入れていた。

そうだった。ラオスはベトナムやカンボジア同様、旧フランス植民地だ。その名残で、日常的にパンを食べる習慣がある。焼きたてのバゲットは、まさにラオス名物の一つ。ここはパンの国なのだ。

クロワッサンとカフェオレを注文した。まるでパリの街角で食べる朝食のようだ。オープンエアのテラスから見える街並みも、どこか瀟洒でヨーロッパを彷彿させる。ビエンチャンは、「東南アジアのパリ」と呼ばれた時代があったという。パリは言いすぎな気もするが、たとえば昨日までいたチェンマイの古都の風情と比べると、同じ東南アジアの古い街とはいえ、まるで違う佇まいなのは確かだ。

絵になりそうな街へ来ると、撮影意欲が掻き立てられる。今日の予定は決めていなかったが、とりあえずぶらぶら街を散策してみようと思い立った。

カフェを出て歩き始めると、とある看板が目に留まった。

「BICYCLE FOR RENT」

バイクではなく、バイシクル。そう、レンタサイクルである。

サムイやチェンマイではバイクで走り回る日々だった。新しい国へ来たことだし、気分を変えて自転車も悪くなさそうに思えた。ちょっと頑張れば、徒歩でも十分に回れるほどにコンパクトな街である。

看板を出していたのは、ゲストハウスのようだった。洗濯をお願いした仕立て屋さんもそうだが、本業の傍ら、サイドビジネスを営んでいる店を東南アジアではしばしば見かける。

中へ入ると、若い男がカウンターで頬杖をつきながらテレビに見入っていた。見るからに暇そうなこの男に訊いてみると、一日一万キップで自転車を貸しているという。

洗濯屋さんも一万キップだった。相場がまったく分からないが、商売っ気の薄いラオス人のことである。キリのいい数字だからと、なんとなくで一万キップに値付けしているのではないかと邪推してしまう。

デポジットとしてパスポートを預けるのは、タイでバイクを借りたときと同じだった。バイクと違って自転車なのだから、そこまで警戒する必要もなさそうなのになあと内心異論を唱えるが、口には出さない。

あてがわれた自転車は、超が付くほどにオンボロなものだった。サドルのシートは破け、金属部分には錆が浮いている。失礼ながら、日本だったら、粗大ゴミ置き場に捨てられていてもおかしくなさそうなレベルだ。パスポートなんて預けずとも、持ち逃げする気にはなれない。この際、贅沢は言わないけれど……。

僕は普段、自転車通勤をしている。会社から独立したときに、記念にとやや奮発して買ったクロスバイクは、その気になればかなりのスピードが出る。毎日のように乗っているせいか運転は体に染みついていて、ビエンチャンでもいつものように勢いよくペダルを漕ごうとするものの、借りた自転車ではまったく速度が出ないのだった。

それどころか、漕いでいるとキーキーと悲鳴のような音が上がる。チェーンも錆びついているのかもしれない。ギアはないが、かごは付いていた。いわゆるママチャリというやつだ。

走り始めこそ、ぶつぶつ文句も重ねていたが、すぐにどうでも良くなってきた。

極彩色のお寺の前で、絵を描いている若者がいた。交差点で交通警備をしているおまわりさんが、仕事もそっちのけでおしゃべりに花を咲かせていた。そういう何気ない一コマ一コマを、ゆるやかに流れる景色の中で観察する。せいぜい歩行者よりはちょっとだけ速い程度の速度しか出ない自転車だが、ゆっくりめにノロノロ進む方が、この街にはむしろ似合うのではないかと思えてきたのだ。

ファランスワギン通りからのんびり十五分ほど走って、市場へ到着した。前回来たときにも訪れた、ビエンチャン最大の市場「タラート・サオ」だ。とくに目的はないけれど、ついつい真っ先にこの手の市場へ足を向けてしまうのは我が旅のお約束でもある。

感心させられたのは、きちんと駐輪場が用意されていたことだ。そこらじゅうに手当たり次第、停め放題というイメージでいたから、意表を突かれた。一台当たり二千キップ、入口で係員に前払いするシステムだった。

さっそく、ぶらついてみる。ここは市場といっても、アジアでよく見かける屋外型ではなく、割と近代的なビルの中にテナントとして無数の店が入っているタイプだ。観光客向けに土産物を売る店もちらほら見かけるが、

スマホも売られているが、まだまだ携帯電話が人気なラオスの市場。

基本はローカル向けという感じで、衣類やら生活用品やらが並んでいる。

率直に言って、自分が買いたいと思えるものはなかった。

これは褒め言葉である。

市場というところは、買い物をするための場所である。だから矛盾するようだが、僕にとっては買いたいものがない市場の方がむしろ至高だったりするのだ。

きっと、買い物自体にあまり前向きではないのだろう。自分も買い物をする目線で訪れると、すぐに疲れてしまう。当事者ではなく、あくまでも傍観者でいる方が市場は楽しめる気がする。

なんとはなしにそぞろ歩き、気になった被写体があれば写真をパチパチ撮っていくのが、買い物を放棄した旅人の市場スタイルだ。見たことのない食べ物や、ちょっぴり笑える看板、足元をスルリとすり抜けていく猫などなど、外国へ来ると何気ないものが新鮮で興味を掻き立てられる。旅に出ると毎回途方もない枚数の写真を撮るが、恐らくこういった市場で撮ったものが最も多いだろうなあ。

これは余談だが、市場写真はミュージシャンのライブ撮影に似ている気がする。シャッターチャンスは突如として訪れ、そして一瞬のうちに去っていく。満足のいく写真が撮れたとしても、多くは偶然の産物なのだ。だから、できる限り注意深く、そしてじっくり時間をかけて練り歩く。

といっても、この市場はそれほど規模は大きくない。入ったところから反対側の出口へ抜けると、大きな幹線道路に面していた。道を渡った先にはバスが何台も停まっている。バスターミナルに隣接した市場というわけだ。

ついでなので、バスターミナルも見学することにした。大きな荷物を持った人々が右に左に行き交い、市場以上に活気に溢れ見応えがあった。バスの車体には、僕が国境から乗ってきたのと同様に、日本の国旗があしらわれていた。

「From the people of Japan」

という英語の表記もある。「From Japan」ではなく、「people」が付け加えられているのがいい。僕自身は何もしていないくせに、なんだか誇らしげな気分になった。世知辛い時代だから、ODAに関しては賛否両論あるだろうが、こういう形で自分が払った税金が使われていて、それを現地でまざまざと見せつけられるのは旅人として満更でもないのだった。

バス停を囲むようにして、食べ物の屋台もたくさん出ていた。これから出発する人たちなのか、無事の到着を祝してお腹を満たしている人たちなのかは分からないが、外国からやってきたお気楽な旅行者にとっては、ラオスの人々の暮らしが垣間見える興味深い光景だった。

のほほんとウォッチングに精を出していると、突如としていい匂いが鼻孔をついた。つい少し前にもこれと似た匂いを嗅いだばかりだった。

そう、パンの匂いである。

小さな露店の前に、バゲットがうずたかく積まれていた。店のお姉さんが、それにナイフで切り込みを入れ、中に加工肉のようなものを挟んでいる。ラオス式のサンドイッチ屋台のようだった。

その店はとても繁盛していた。次から次へとひっきりなしに客がやってくる。周囲に立つほかの麺の屋台なんかと比べても、テイクアウトなので回転は早い。バスの車内で食べるのにちょうど良さそうだ。

涎が出そうになった。あまりに美味しそうなので、僕も一つ買ってみることにした。

「スパイシー？」

と英語で訊かれたので、イエスと力強く頷く。五千キップだという。

バスに乗るわけでもないので、その場でパクついた。

ウ、ウ、ウ、ウマーイ！　それも、とんでもなく。

フランスのバゲットとは違い、サクッと軽い食感ながら、パンの中はふんわりしている。わざわざ確認してくれたほどなので辛さはあるが、それよりも甘味がかったもう一つのソースがいいアクセントになっていた。甘辛さが混じり合った不思議な味わいだ。

美味しいって、ラオス語ではなんて言うのだろう。言葉が分からないので、親指を立てて満足度をアピールすると、お姉さんは恥ずかしそうにはにかんだのだった。そりゃあ美味しいに決まっているでしょう、と胸を張らない奥ゆかしさはいかにもラオス人という感じで、我々日本人の感性にも近しいものがあると思った。

それにしても、本当に驚きのうまさだった。朝食に入ったファランスワギン通りのパン屋さんも美味しかったが、店のやや気取った余所行きな雰囲気は外国人客を意識したものだと感じていた。考えたら、値段も結構お高めだったかもしれない。こうして路上で頬張るローカルなサンドイッチの方が、僕には合っているということか。

今朝着いたばかりだが、こうも連続してパンの匂いに誘われるとは、予期せぬ幸運と言えた。タイの街角では、お米を炊く匂いに敏感に反応する日々だった。ラオスへやってきて、それがパンの匂いに変わった

こんなサンドイッチ屋さんが日本で近所にあったら、毎日通ってしまいそう。

というわけだ。

美味しいものは人を幸せな気持ちにさせる。すっかりテンションが上がったところで、再び自転車でのノロノロ散歩に出発した。

差し当たって観光したい場所はとくにないものの、どこか目的地を定めると走り甲斐がある。まずはパトゥーサイを写真に撮りつつ、そこからタートルアンまで行ってみようと思い立った。ビエンチャンを代表する二大ランドマークは、一本の大通りで繋がっていて、自転車散歩のコースとしてはちょうどいい距離だ。

パトゥーサイは、戦没者慰霊塔である。パリの凱旋門をモデルに建てられたもので、ラオス版凱旋門としても知られる。大通りのちょうど中央に位置しており、その威容は遠目からでもハッキリと視認できる。片側四車線の広々とした道路の脇を、きこきことスローペースに進んでいった。遠く前方に目指す凱旋門が見えるのが励みになる。

いかにも社会主義らしい巨大な道路ながら、走っているクルマは非常に少なく、自転車の分際で一車線をほぼ独占するという暴挙が許されるのが嬉しい。途中で白人のバックパッカーの一団を追い抜いた。地元民で歩いている人は、ほとんど見かけない。ぶらぶらしているのは、気ままな旅人だけのようだ。

仮にも、一国の首都である。人口密度は低く、どこか間延びした空気が漂っているせいで、そのことをつい忘れそうになる。タイの地方都市と比べてもずっとのんびりしている印象だ。老後を過ごすなら、これぐらいマッタリした街がいいなあ。

パトゥーサイの真下まで来たところで、撮影タイム。この手のベタな観光スポットは、案外嫌いじゃない。というより、割と好んで訪れる。ミーハー心丸出しだが、その街に来ている実感が湧いてきて、気分が俄然盛り上がるのだ。

凱旋門の周囲に茂る椰子の木が、南国感を演出している。同じ凱旋門とはいえ、パリのものとはやはり一味違う。ここはヨーロッパではないのだと得心させられる。その巨大さは、背の高い建物のほとんどないこの街では際立っている。真下から見上げると、首が痛くなりそうなほどだ。

せっかくなので、自分入りの写真を撮りたくなった。いいところに首から一眼レフをかけた外国人が通りがかったので、シャッターを押してもらえないかお願いする。どういう構図なのかまで細かく指定したが、嫌な顔一つせずに応対してくれた。良かった、いい人だ。

我ながら図々しいなあと自覚するし、いい歳して……という気恥ずかしさもある。しかし、旅の出会いは一期一会だ。一人旅だと自分入りの写真はなかなか撮れないので、チャンスは無駄にしたくない。

僕の熱意が伝わったのか、その外国人は気を利かせて何枚も撮ってくれた。一緒に液晶画面を確認したら、完璧に撮れていた。ベリーグッドと微笑み、頭を下げた。

近くのベンチに座り、その写真をフェイスブックにアップした。更新するのは随分久しぶりだ。あまりに間が空いてしまい、操作方法を忘れていたぐらいである。

最近はSNSにも飽きてしまい、正直あまり活用していない。みんなの投稿はぼちぼち見ているが、自分から意欲的に何かを発信することは稀になってしまった。「SNS疲れ」というやつなのだろうか。

実はSNSに関しては近頃色々と思うところはあるのだが、脱線が長くなりそうなので割愛。アップした写真にすぐに「いいね！」が付いて、なんだか気恥ずかしくなった。見てくれてありがとうと、お礼を言いたいぐらいだが、それも不自然だしなあ。

パトゥーサイを越え、さらにきこきこ進んでいくと、道はゆるやかな上り坂となっ

パトゥーサイの前で愛車とツーショット記念撮影。たまにはこういう写真もいいよね。

た。ギアも付いていない非力な自転車には、少々手強い試練の道だ。降りて押して歩くほどでもない、中途半端にしんどい坂道は案外困る。意地になってペダルを漕いでいると、汗が噴き出てきた。

目指すタートルアンは、道の突き当たりにある。坂道を上っていくと、やがて黄金色の仏塔が遠く前方に見えてくる。

前回来たときの記憶が脳裏を過《よぎ》った。ここで開かれるお祭りを見物しにやってきていた。その名も「タートルアン祭り」という。毎年十一月の満月の日に開かれる、ラオス最大の仏教行事である。

必死になって上っているこの坂道も、祭りのときには正装に身を包んだ人々で埋め尽くされていた。お供え物の花を抱えながら、タートルアンを目指す人々の足取りはどこか軽やかで、この祭りを人々がいかに心待ちにしているのかが窺えたものだ。

あの日、仏塔の前の広場は、人々でごった返していて、足の踏み場もないほどだった。橙色の袈裟を着たお坊さんが列になり、お参りにやってきた人々が順繰りに喜捨をしていく。祭り会場のお約束とも言うべき、無数の縁日も華やかさを倍加させていた。

翻って今日は普通の日である。タートルアン前の広場は、怖いほどに閑散としていた。歩いている人は誰もいない。出店の類いもまったく見かけない。あの祭りの日に見た景色と、同じ場所とは思えなかった。

というより、これが本来の姿なのだろう。街一番の観光名所からして、これほどまでに空いているのだ。観光客が少しずつ増え始めているとはいえ、まだまだマイナー国の域を脱しきれてはいない――そんなラオスの現状が垣間見えるのだった。

手入れが行き届いた綺麗な庭園に、スプリンクラーで水が撒かれていた。そのそばが駐輪場のようになっていたので、停めて中へ入ってみることにした。入場料は五千キップ。四時には閉まると看板に書かれていた。時計を見ると、三時半をすぎている。ぎりぎりの到着だったらしい。

仏塔をぐるりと囲むようにして芝生が敷き詰められていた。写真を撮りつつ、のんびり歩いていくと、ものの十分で一周してしまった。チェンマイのドイステープで、超が付くほどにキンピカな仏塔に息を呑んだのも、考えたら昨日の出来事だ。二日連続で似たスポットへ足を運ぶことになった。

ただ、黄金の仏塔という共通点はありつつも、タートルアンのそれは僕には控えめに見えた。キンピカではあるが、輝き具合は特筆すべきほどではない。境内はとにかく静寂に包まれていた。ラオス人の訪問者は仏像の前にひざまずき、熱心に手を合わせている。一方で、それを見物するだけの罰当たりな外国人としては、いささか呆気なさを感じたのも正直なところだった。

　自分の中の記憶が少し更新される。祭りの日に目にした仏塔は、もっとピカピカ輝いていたのだ。少なくとも僕は圧倒されたし、興奮して写真を何枚も撮った。同じ場所なのに、こうも違って見えるとは不思議だ。旅人の感想ほど不確かなものはないということか。

　入場したのとは反対側の出入り口から外へ出ると、こちらには少しだけ露店の姿が見られた。仏具や土産物のほか、日用雑貨など、お参りとは直接関係のない便乗系の商品を並べている店も目につく。

　あまりやる気もないのか、店の前を通りかかっても、声をかけてこちらの気を引こうとするようなアグレッシブさは見られない。一度だけ呼び止められたが、鳥かごを抱えたお

タートルアンは閑散としていた。昨日のチェンマイの寺とは別世界。

ばちゃんだった。木製のかごの中では、小鳥がぴいぴい鳴いている。欲しくてもさすがに持って帰れないシロモノと言えた。うーん、なんというか間が悪いのだった。

それらを軽く冷やかすと、もうすることがなくなってしまった。自転車にまたがり、来た道を引き返す。今度は下り坂なので楽チンだ。

パトゥーサイまで戻ってきて、トイレ休憩を取る。巨大な凱旋門を中心に、周囲はちょっとした公園のようなつくりになっていて、人心地つくには気持ちのいいロケーションだ。木陰で団欒している若者たちが先ほどより増えていた。ビアラオという、ラオスのビールの缶が彼らの前に置かれているのを見て羨ましくなった。

ビアラオは、東南アジアのビールの中でも密かに人気の銘柄と言えるだろう。近頃はタイの飲み屋さんでもよく見かけるようになったし、酒好きの旅仲間と話をするとしばしば話題に上る。白、緑、黄色といった派手なカラーリングにトラのマークがあしらわれたラベルも、なかなかエキゾチックで興をそそられる。

公園内の小さな売店を覗いてみると、売られていた。彼らが飲んでいるビアラオはここで買ったもののようだ。すっかり影響され、僕も一つ買ってみた。八千キップ。タートルアンの入場料よりも高い。

缶ビールだというのに、若者たちはなぜかストローでチューチュー飲んでいた。別に飲み口が錆びているわけでもない。真似してストローでチューチューしてみる。郷に入っては郷に従え、である。

どこかトロンとした味わい。東南アジアのビール特有の甘ったるさがあるのは、ビアラオも例外ではない。しかも缶はあまり冷えていなかった。チューチュー飲んでいるせいか、ビールよりも強いお酒を飲んでいるような気になってくる。

パンの匂いが漂う街にて、ストローでビールを飲む、か——。

それがラオスらしい旅スタイルなのかは分からない。けれど、昨日までいたタイとは明らかに違った旅が始まったのは確かだった。

これは何でしょう？　ビアラオ、ではなくポータブルスピーカー（買ってしまった）。

（8）ときには振るわない一日も

エアラインパスの旅はビエンチャンから再開する。バンコクエアウェイズとラオス航空が利用できるパスである。ラオス航空が運航する国内線は、まさにパスの恩恵を受けられそうな存在と言えた。

行き先の候補はいくつかあった。恐らく最もポピュラーなのが、ルアンパバン行きの便だろう。世界遺産の古都として知られるルアンパバン。観光目的で訪れるならば、ラオス旅行における主役級スポットであることは間違いない。

ルアンパバンは過去に訪問済みだった。それゆえ、今回は別の街を目指すことにした。パクセである。

行ったことはない。いちおう、ラオス第二の都市ということになっている。地図を見ると、ルアンパバンとは逆方向、ラオス東南部のタイとの国境付近に位置する。街の郊外に、これまた世界遺産のワットプー遺跡があるらしい。

パクセに対する僕の予備知識は、この程度しかなかった。正直なところ、まったくイメージが湧かない街だったが、だからこそ面白そうな予感もした。

決め手となったのは、パクセから先のルートだった。ラオス航空の路線網は、国内線、国際線問わず首都ビエンチャンを起点としており、どこへ行くにもいったんビエンチャンを経由するのが定石になっている。ところが、例外的にパクセからは直接目的地へ飛べる便が出ていた。しかも、国際線である。

パクセ～ホーチミン。なんと、そんな路線が存在するのだ。

周遊型の旅では、いかに一筆書きの要領でルートを組めるかが大きなポイントになる。ハブとなる都市——今回のケースではビエンチャン——を途中で往復する形になると、途端に効率が悪くなってしまう。ホーチミンへ抜けられるこのルートは、パスを最大限活用できる魅力的なルートに思えたというわけだ。

一泊して翌朝、僕はビエンチャンの空港へ向かった。

昨晩のことを少し書いておくと、またしても飲んだくれてしまった。宿へ戻ってきて自転車を返し、洗濯物をピックアップした足でレストランへ向かった。「ビアラオ・ゴールド」という、ビアラオ・ブランドのプレミアムビールがあったのでそれを頼み一人乾杯し、寝る前にもホテルのテラスでビールを呷りながら日記を書いたりした。

旅はまだまだ続くのだ。そろそろ休肝日にしようと思いつつ、つい誘惑に負けてしまう自分の意志の弱さに辟易しながら、空港行きの車内で窓の外を見つめていた。

空港まではタクシーを拾った。五万キップの言い値を値切ったら、運転手はすぐに四万キップにまけてくれた。さらにタイバーツで支払いたいと言ったら、百五十バーツだという。相変わらず桁が多くて、頭がこんがらがるが、計算すると三万七千五百キップになるようだった。少しだけまけてくれたらしい。

寡黙な運転手だった。黙々とハンドルを握り続けている。ラオス人気質なのだろうか。英語が話せずともお構いなしにベラベラしゃべるタイプがこれまで多かったから、静けさの漂う車内がなんだか新鮮に感じられた。

到着してから、ハッとなった。財布を見ると、タイバーツが百バーツしか入っていなかった。こちらからバーツにしてくれと言って乗ったから、少々バツが悪い。

運転手は一瞬眉根を寄せたが、残りの五十バーツをキップで払うなら一万三千だと言った。これだけ桁の多い数字なのに、咄嗟に換算できることに感心させられる。慣れているのかもしれない。

僕はもうワケが分からなくなって、逆上気味に言われた通りの金額を渡したのだった。後で計算したら、五十バーツは一万二千五百キップだと分かった。ほんのわずかだが、損をしたらしい。

ビエンチャンの空港を利用するのは初めてである。実際に行ってみて、驚いた。ボロいのだ。悲しくなるほどにボロい。良く言えば「素朴」などと表現できなくもないのだろうが、僕にはヨイショする理由もないので素直に感想を綴る。

この十年で、東南アジアは急速な発展を遂げた。街はどんどん綺麗になり、新しいビルがバンバン建った。そして、その成長の象徴的な存在として、各国がこぞって空港をリニューアルさせたことも分かりやすい変化と言えた。

国の玄関口である。たとえばバンコクやホーチミンは、いまではピカピカの大空港が外国からの訪問者を出迎えてくれる。バリ島やハノイなど、新空港の開業を間近に控えている都市も少なくない。空港が新しくなることは、旅行者にとってはその国が新時代に突入したかのような実感を伴わせたりもする。

やはり、ラオスだった。周辺諸国が様変わりする中で、ポツンと取り残された小国らしさを感じさせる、古めかしい空港に見えたのだ。

もう何十年も旅を続けている諸先輩方ならば、古き良き東南アジアを彷彿させる光景と目を細めるのかもしれない。けれど、僕は旅を始めてからたかだか十年程度の若輩者である。派手な空港に慣れっ子の世代としては、戸惑いを抱くような光景と言えた。

待合室のようなスペースでは、日本の野球場——スタジアムではなく、あくまでも「野球場」のイメージ——の観客席にあるような、座る部分と背もたれが一体型の簡素な椅子が設えられている。ソファすらないのだ。

そのそばには、新車の原付バイクがこれ見よがしに飾られているのにも目をみはった。メーカーの宣伝という感じだが、ほかの国ならバイクではなく自動車がショウアップされているところだろう。

売店はいちおうあるが、店構えも品揃えも街中の雑貨屋と大差ない。とても空港内のショップには見えない質素な佇まいだ。

カウンターでチェックインをしたら、荷物のタグが手書きなのにも驚いた。搭乗待合室へ入る際の荷物チェックの前には、国際線の入国審査のようなブースがあって、パスポートをチェックされた。乗客名簿のようなリストと照らし合わせて、チェックを入れているようだった。すべてがアナログという感じで、

タイのバスターミナルよりも小規模だけど、れっきとした国際空港。

遠い昔にタイムスリップしたかのような錯覚を抱く。

　別にボロかろうがなんだろうが、きちんと飛行機が飛んで、目的地まで運んでくれるなら、なんの文句もない。実はこうも過剰反応してしまうのには理由があった。

　いまからわずかに四ヶ月前のことである。この空港を飛び立って、同じくパクセへ向かったラオス航空のQV三〇一便のニュースをご存じだろうか。QV三〇一便は、目的地であるパクセには辿り着かなかった。

　そう、墜落してしまったのだ。メコン川に落ちたその便には、外国人二十七人を含む、乗客乗員計四十九人が乗っていたという。生存者はゼロだった。

　今日僕が乗るのは、QV三〇三便である。便名こそ違うが、大事故の記憶も新しい、いわくつきの路線なのだ。気休め程度ではあるにしても、新しくて綺麗な空港の方が、まだ心が安まるのは確かだった。ところが現実には、ここ数年で目にした中でも群を抜いてボロい空港が僕の前に立ちはだかったというわけだ。

　飛行機事故に遭う確率が、どれだけ低いかは理解している。東京で暮らしていて交通事故に遭うよりもずっと低いのだと、自分に言い聞かせるようにもしている。

　けれど、確率というものは、回数が増えれば増えるだけ上がっていくことは学校の数学の時間に習った。少なく見積もっても年間五十回はフライトする身である。いくら低いといっても、普通の人よりは遥かに確率が高いことは否めない。

いつかババを引くかもしれない——。

飛行中にグラグラッと揺れただけで、肘掛けをギュッと摑むような根っからのビビリである。大げさなことを言えば、飛行機に乗るときはいつも命がけなのが真相だったりするのだ。

ただ一方で、落ちたばかりだからむしろ安全だろうという目論見もあった。不謹慎ながら、同じ路線で連続で事故が起こる確率はきっと相当低い。これまたすぐに論破されそうな根拠に乏しい論理だが、小心者はほんの少しでも安心材料が欲しいのだった。

祈るような気持ちでシートに腰掛けていた。落ちた飛行機はATR-72というプロペラ機だと聞いていたが、僕が乗ったのは普通のエアバス機だった。それも、あの空港からは想像が付かないほどに、最新鋭の機体だった。シートモニタのサイズはかなり大きいし、充電用のUSB端子も備え付けられていた。

こうしてこの旅行記をいま書いているということは、何事もなかったわけなのだが、乗っているときは正直生きた心地がしなかった。ヘンな先入観があるせいで、わずか一時間程度のフライトが、途轍もなく長く感じられた。持参したガイドブックのコピーには、「ラオスでは飛行機が時間通りに飛ぶことはほとんどない」とまで書かれていたが、幸いにも定刻通りにパクセに着陸したのだった。

荷物が出てくるのを待ちながら、スマホでニュースをチェックしていたらとんでもない記事を見つけた。なんと、ネパールで旅客機の事故が発生したらしい。さらにはエチオピア航空機がハイジャックされたという。

ネパールでは、しょっちゅう航空機事故が起こっている。我が家ではネパールの国内線には乗らないことにしているぐらいだ。ハイジャックされたエチオピア航空機は、アジスアベバからローマへ向かう便だという。実は数ヶ月前に、同社のアジスアベバ発フランクフルト行きの便に乗ったばかりだった。

他人事ではないと思った。

いつ自分が巻き込まれるか分からないのだ。旅は所詮は娯楽であり、苦行を強いられたり、怖い目に遭うのはもっぱら御免というスタン

パクセに無事到着してホッとする。思わずバンザイしたくなった。

スだが、事故だけは自分の力ではどうにもならない。冷静に考えれば考えるほど怖くなってくるのだった。

ともあれ、パクセに到着した。いつもよりゆっくりめのスケジュールを組んだつもりでいたが、案外テンポ良く旅は進んでいく。

空港から市内まではまたしてもタクシーを使った。バックパッカーごっことか言っておきながら、お金で解決してばかりだなあ。

でも、仕方なかった。到着ロビーを出て、カウンターで訊いてみたのだ。

「市内へ行くバスはどこから乗れますか？」

するとカウンターのおばちゃんはかぶりを振った。バスはないので、タクシーで行くしか方法はありませんとキッパリ。

本当かなあ、と疑いの眼差しを向けるも、おばちゃんは怯まなかった。自信満々にバスはないと断言するので、僕は根負けしてタクシーに乗ったのだった。前払い制で、おばちゃんにお金を払った。八万キップと結構お高い。ビエンチャンで乗ったタクシーの約倍の金額である。

そのままおばちゃんに駐車場へ連れていかれ、一台の乗用車のところに案内された。乗車すると、なぜかおばちゃんも一緒にそのクルマに乗り込んできた。しかも運転席に！

なんと、おばちゃんはタクシー運転手だったのだ。

まんまと乗せられたのかもしれなかった。いいカモを見つけたと思われた可能性もあった。うーん、まあでもいいや。無事飛行機が着いただけでも良しとしよう、と気持ちを切り替える。

途中、未舗装の埃っぽい道路を走って、間もなく市街地に入った。ビエンチャン以上に空間がスカスカしている印象を受ける。田舎街へ来たなあと目を細めていると、タクシーは周囲でも一際大きな建物の前で停車した。予約したホテルだった。

今朝ビエンチャンを出る前に、このホテルに予約の電話をかけていた。最初ネットで見たのだが、満室の表示が出てきて予約できなかった。

はて、と僕は首を傾げた。

パクセである。満室になるほど客がいるのだろうか。どうしても解せなかった。念のためそのホテルに電話してみると、案の定部屋は空いているというではないか。しかも、電話口で聞いた料金の方が、ネットに掲載されたものよりずっと安かった。

そういえば、日本国内のビジネスホテルも、最近は直接予約した方が安くあがるケースが増えてきた。公式サイトからの予約で最安保証を謳っているホテルもよく見かける。

ネット予約は便利だし、安く泊まれるケースも実際多いが、万能ではない。パクセのようなマイナー系の都市になると、まだまだ電話予約も併用せざるを得ないし、アナログなやり方の方が合理的だったりするのだ。

街の中心部という立地の良さで選んだのだが、外観からしてなかなか立派で由緒あるホテルのようだった。一泊二十万キップと、昨日泊まったビエンチャンの宿よりも安いが、今日はゲストハウスではなくちゃんとしたホテルだ。

物価の安い地方都市では、ここぞとばかり泊まるホテルのレベルを上げるのは案外悪くない方法論ではないかと思う。首都レベルの都会や、リゾート地では躊躇してしまうような料金設定のホテルでも、割安な料金で泊まれるからだ。

高い街で節約し、安い街で贅沢する――これはバックパッカー時代の旅でも意識していたことの一つだったりする。

パクセにもゲストハウスはあるが、相対的に節約メリットは薄まる。全体相場が安めだからこそ、無理せず泊まりたいホテルを選べばいいのだ。

ただ、あてがわれた部屋は外れだった。窓がないのだ。いや、正確には窓自体はあるのだが、通路に面しているという、非常に残念なつくりになっていた。

「ほかの部屋に変えてもらえませんか？　料金が上がってもいいので、できれば外側の部屋を……」

レセプションで交渉してみたが、この日は外に面した窓付きの部屋はもう満室なのだという。ネットで見た情報はあながち間違いでもなかったのだ。

「じゃあ、明日はどうですか？」

パクセには二泊する予定だった。今日は我慢して、明日部屋を移りたいと希望を伝える。

「明日はまだ分かりません。明日になってみないと……」

予約状況を見れば一目瞭然、というわけにはいかないらしい。チェックアウト日を決めていない旅行者も多いのかもしれない。ちゃんとしたホテルのようでいて、ゲストハウスと案外大差ないゆるさに、僕は内心苦笑いするしかなかった。

部屋がイマイチなときは、必然的に外で過ごす時間が増える。眺望がないと息が詰まるから、寝に帰るだけにしようと割り切り、僕は街へ繰り出した。

ところが、すぐに見終わってしまった。コンパクトな街という印象だった。旧市街の主要部分だけなら、ぐるっと歩き回っても、三十分もあれば一通り見終わってしまうのだ。

パクセは想像していた以上に鄙《ひな》びていた。ラオス第二の都市とはいえ、一言で言えば、「田舎」である。交通量は極めて少ない。スマホの画面を眺めながら歩いていてもまず危険はなさそうなほど少ない。アジアらしい喧噪とは無縁の、牧歌的という形容がふさわしいのんびりした雰囲気に拍子抜けする。

市街地の目抜き通りでさえところどころ未舗装で、時折バイクが通り過ぎると砂埃が舞う。道路に水まきをしている人の姿を目にして、「遠くへ来たなあ」としみじみさせられた。バイクの人たちは、なぜかみんなフルフェイスのヘルメットを被っていた。むむむ、暑くないのだろうか。

かくなるうえは食に走るかと思い、店をリサーチするも、吟味できるほど食べる場所のラインナップがないときた。砂埃を浴びながら、やっとこさ辿り着いた麺屋さんで食べた麺は、東南アジアではお馴染みの米麺で、僕が大好きなレタスがスープに入っていてなかなか美味しかったが、驚くほどの感動はなかった。おまけに一杯二万キップもしておののいた。

なんだか妙に振るわない一日だった。つ

砂埃が舞うパクセの路上。目抜き通りからしてこの寂しさ。田舎へやってきたと実感。

いつい愚痴が増える。

長い旅だから、全日程が順風満帆というわけにはいかない。何があってもそれなりに気持ちの折り合いをつけつつ、粛々と旅を続けるべきと頭では理解しているものの、機嫌に波がある性格なので簡単にへこたれてしまうのだった。

とりあえず翌日の遺跡ツアーの申し込みを済ませ、再びキップへの追加両替をして、ホテルの近くで見つけた市場を二度も見学しに行った。それでも、すぐに手持ち無沙汰になってしまった。

こういうときこそ、引き籠もって、たまっている仕事に取り組むチャンスかもしれない。旅を終えるまでに必ず片付けないといけない仕事である。後顧の憂いを絶つ意味でも、早めに着手するにこしたことはない。

けれど、いま仕事をしたら負けのような気がした。

誰に？　自問自答してしまう。

別に敵がいるわけではないが……、なんだか癪ではないか。

僕は道端の雑貨店に立ち寄った。冷蔵庫に缶のビアラオが見えたからだ。まだ明るいうちからビールに逃げる。やけ酒ともいう。

雑貨店の軒先に簡素な椅子が出ていたので、通りに体を向ける格好で腰を落ち着ける。プシュッとプルトップを開け、今日はストローはなかったのでそのままグビッとする。意外なことにビールはキンキンに冷えていた。

「自慢できるような旅ではないなあ」

ちびちびビールを飲みながら、独りごちる。

あまりにも旅をしすぎたのかもしれない。どんどん、どんどんと、自分の中の理想が上がっていくというか、感動できるハードルが高くなってしまったことを自覚している。思えば独白という名の単なる愚痴も多くなった。

お酒の酔いが回り始めるにつれ、とりとめのない思考が頭の中を回り始める。

でも、いい、か。こうしてアジアの路上で、昼間っからぼんやりとビールを飲むだけで十分ではないか。これ以上のシアワセを求めたら罰が当たりそうだ。

市場で暇つぶし。あまり活気はなく、のんびりとした空気が漂う。

最初はネガティブなものがやや多めだったが、やがて前向きな思考も頭をもたげてくる。酔っ払って、気が大きくなってきたのかもしれない。

ボーッとしていると、白人の若者がやってきて、店のオヤジに何か訊いている。「シムカード」という単語が聞こえた。手にスマホを握りしめているところから察するに、SIMカードが売っていないか、訊いて回っているのだろう。

国によっては、この手の路上の雑貨屋でもSIMカードが並べられている。東南アジアでは比較的容易に手に入るのだが、ラオスでは見かけたことがない。

事の成り行きを見守っていると、やはり売っていないようだった。オヤジは申し訳なさそうに肩を竦《すく》め、若者はがっかりしながら去っていった。オヤジは僕と目が合うと、僕の手元のiPhoneを指差し、手を振るジェスチャーをしてみせた。

「それのカードが欲しかったみたいだけど、うちにはないからねえ……」

そんな感じのアイコンタクト。言葉は通じないし、思索に耽る外国人に積極的に干渉しようとはしないものの、オヤジがなんとなくこちらを気にかけてくれているのは伝わってきていた。これぐらいのほどよい距離感が心地いい。

僕はニッコリ微笑んで、「うんうん、仕方ないね」と同情の意を伝える。それを見て、おじさんも頰をゆるめた。まるで悪意のなさそうなオヤジの笑顔に、ホッコリとした気持ちになってくる。

勝手にオヤジ呼ばわりしているものの、見た雰囲気は僕とほぼ同じぐらいの年齢の男である。軒先で昼間っからビールを飲んでいる同世代の人間にシンパシーを感じてくれたのかもしれなかった。

ラオスは見るべきものは少ない。つい悪態までついてしまったほどだ。けれど一方で、居心地の良さは群を抜いている。それもひとえに、ラオスの人たちの人あたりの良さゆえのことなのだろうと思う。どこか控えめで、奥ゆかしい。すれていない人々と接すると、自分の中の淀んだ心が浄化されていくのだった。

そういえば――。

ＳＩＭカードで思い出した。昨日ビエンチャンでＳＩＭカードを買っていた。すっかり書き忘れていたが、そのときに印象的な出来事があったのだ。

市場の片隅で、スマホやスマホのケース、アクセサリなどを売る店が集まる一画を見つけた。そこでプリペイド式のＳＩＭカードを購入した。

通常サイズだけでなく、小型サイズのＳＩＭカードもきちんと用意されていた。その場でｉＰｈｏｎｅに挿すと、設定不要ですぐにネットに繋がった。前回ラオスへ来たときには、電話会社のオフィスにまで出向いて、回線の開通処理をしてもらったのだが、わずか数年でラオスの携帯事情もかなり進化していて、感心させられたのだ。

ただ、話の核心はそのことではない。

SIMカードの代金は三万キップだった。僕は財布から二万キップ札と、五千キップ札を二枚取り出し、店の女性に差し出したのだが――。

女性はそれを見て、ハッとした顔を浮かべた。そして次の瞬間、そのお金を僕に返してきた。はて……？　僕が困惑していると、女性は何かを言った。英語はまったく通じないため、状況から想像するしかないが、女性が五千キップ札を指差しているのを見て、僕もハッとなった。

五千キップ札だと思って払ったそれは、五万キップ札だったのだ。一桁多いお札を、それも二枚も差し出していた。つまり、三万キップの買い物に、十二万キップも払おうとしてしまったらしい。

インフレのせいで、通貨のゼロの数がやたら多い国がしばしばあって、実は過去にも似たような失敗を犯した経験が何度かある。インドネシアではタクシーに十倍の料金を払ってしまったし、確かベトナムの土産物店でもやらかした。そして当然のようにそのお金は返ってこなかった。後になって気が付いて青くなるという、情けない展開が待っているのが至極当然のなりゆきである。

「多すぎですよ。これは五千ではなく五万ですから……」

女性は律儀にも僕の過払いを指摘してくれたのだ。これには心底驚いた。

海外でこんな正直な対応をされることは稀である。外国人＝カモという認識がまかり通っている中で、いかに一円でも多く巻き上げるかに苦心する輩ばかりを相手に旅してきたから、女性の真摯な対応に僕は胸を打たれた。

ラオスの魅力は、ラオス人にあり。

その認識を改めて強くしながら、僕は窓のない部屋へ帰ったのだった。

5万キップを返してくれた正直者のお姉さん。旅人は素敵な笑顔に救われるのだった。

（9）メコンの風を感じて

一人旅のデメリットは、旅行の各種パーツが高くつくことだろう。海外旅行のパッケージツアーを見ても、大抵は一人だと追加料金を取られる。ホテルはツインよりも割高だし、食事も種類を複数頼んでシェアできない。

パクセでは現地ツアーに参加することにした。いわゆるオプショナルツアーというやつだが、元々がパッケージツアーではなく個人旅行なので、「オプショナル～」という言い方も違和感がある。僕はいつも「現地ツアー」と呼ぶことにしている。

その名の通り、現地発着のツアーである。個人旅行者でも、現地で突発的に申し込みをして、一時的にツアー客となれるこの仕組みは、目的次第では結構ありがたい存在で、僕もしばしば利用する。

ワットプーという遺跡がパクセ近郊のチャンパサックにあると聞いていた。ラオスでは数少ない世界遺産の一つだ。行き方を調べたところ、公共のバスでも行けることが分かったが、便数が少なく、パクセからの日帰りは難しいという。

無難な方法としては、トゥクトゥクをチャーターするのが最もポピュラーなようだった。

ただし、近郊といってもチャンパサックまでは五十キロ近くもある。丸一日チャーターするとなると、トゥクトゥク代も馬鹿にならない。一人旅だとなおさらだ。

実際、パクセに着いてからリサーチしてみると、トゥクトゥクをチャーターした場合の金額は最も安いところでも三十五万キップと言われた。日本円にして五千円弱は、この国の物価からすると法外な値段に思えてくる。さらには二人なら四十二万キップ、四人なら四十八万キップだと聞いて、一人旅である我が身を恨めしく感じた。

もう少し日程に余裕があれば、誰か一緒に行く人を探す手もある。ゲストハウスなどで声をかけ、束の間の旅のパートナーを確保して移動手段をシェアするのは旅の常套手段だ。ところが、そもそもパクセの街中では旅行者をあまり見かけなかった。日本人には一人も会わないし、欧米人も年配のご夫婦のような、シェアを切り出すには躊躇するような客層ばかりだった。

これはお金にものを言わせるしかないか――。

なかばあきらめかけていたときだった。街中でフト目に入った旅行会社で訊いてみると、面白そうなツアーがあるというのだ。

パクセの街にはメコン川が流れている。言わずと知れた、インドシナ半島を縦断する大河である。ラオス国内でも遠く北はルアンパバン、そしてビエンチャンを経て、ここパクセまでもずっと続いていた。

　そのメコン川をボートで下って、チャンパサックへ行く日帰りツアーだった。話を聞いた瞬間、心が浮き立った。船旅なんて最高ではないか。しかも、料金が二十二万キップと、トゥクトゥクよりも遥かに安い。一人だから追加料金、などと世知辛いことも言われなかった。

　旅は本当に偶然に左右されるものだ。運命的なものを感じた。パクセに来て以来、なんだか振るわないなあなどと意気消沈していたが、予期せぬツアーとの遭遇は沈んだ気持ちを一気に吹き飛ばしてくれたのだった。


　一泊した翌朝、早起きして朝食を済ませ、ホテルの入口で迎えの到着を待った。一階のビュッフェ会場へはなんと一番乗りだった。いつもは朝食時間の終了ギリギリに慌てて飛び起きて、寝ぐせのまま駆け込む寝ぼすけな自分としては快挙と言えた。

　出発時間が早いのだ。船旅だと、陸路で行くよりも時間がかかるのだという。

　しかし、こうしてホテルの前でのほほんと待っているだけで迎えが来て、目的地へ連れて行ってくれるのは楽チンだ。移動やら宿探しやら、食事やら、すべてを自力でやりくりする旅が標準なので、たまにツアーに参加すると新鮮味を覚える。

　やがてホテルの玄関口は外国人で賑わい始めた。同じようにツアーに参加する人も多いのだろう。パクセはワットプー以外にも、シーパンドンというメコン川の中州にある島を巡るツアーの起点にもなっている。小さな田舎街の割には、ホテルが混雑していたのも頷けるのだった。

我々をピックアップしに、続々とクルマがホテル前に集まってきた。ツアーといっても、ミニバンやマイクロバスのような小型のバスがほとんどだ。そういえば、珍しく中国人の団体観光客を見かけない。大型バスで大挙してやってくる中国人旅行者は、いまや世界中どこへ行っても目にしない日はないほどだが、ラオスまではまだ進出していないのだろうか。

僕を迎えに来たのも、小さな乗用車だった。ドライバーは初対面のはずなのに、僕を見てすぐに手招きしてきた。日本人の三十代男性、などとプロフィールが伝わっていたとしたら、この場で該当するのは僕ぐらいしかいなさそうだが……。

とはいえ、今日は船旅である。船着き場が離れた場所にあって、そこへの送迎なのかなと思ったら、三分も走らないうちに停車した。めちゃくちゃ近かったのだ。これならクルマなんかに頼らずとも、歩いて行ける距離である。

同じクルマには初老のフランス人男性が二人同乗していた。さらにもう一台、こちらはドイツ人の二組のご夫婦、つまり四名を乗せたクルマが船着き場で合流した。東洋人は僕だけ。総勢七名がツアーの参加者らしい。

肝心のボートはというと、十人ぐらいが乗れるサイズ。大きすぎず、小さすぎずという感じで悪くない。幌が付いていて、雨対策がきちんとされているし、きっとボロいだろうなあと見くびっていたので、いい意味で意表を突かれた。

クルマの運転手は、僕たちを降ろすとすぐにどこかへ行ってしまった。船頭さんは、若いラオス人男性が一人。ほかにガイドさんなどは同乗しないようだ。ツアーといってもあくまでもトランスポーテーションのみという感じで、過度な接待がない潔さは何気に僕好みのものだ。

船頭の男に渡されたライフジャケットを着用したら、すぐに出発した。まだ朝も早いせいか、吹き付ける風が冷気を帯びている。半袖短パン姿だと肌寒いぐらいで、ライフジャケットがかりそめながら上着の役割を果たしてくれる。

走り始めて少しすると、フランス人のおじさんは豪快にライフジャケットを脱ぎ捨てていた。それに触発されたのか、ドイツ人のご夫婦たちも真似してライフジャケットをいそいそと外し始めた。こんなの要らない、という意思表示なのだろうか。

僕の目には危なっかしく映った。確かに見た目が格好悪いし、着心地も決していいとは言えないだろう。ローカルのラオス人のボートと時折すれ違うも、ライフジャケットなんて着用している人は誰もいない。いかにもひ弱な観光客という装いだから、脱ぎたくなる気持ちも分かるのだが、万が一の事態が起こったときに生死を分ける命綱である。

ならば自分も……と外さずに、ボートの上で一人頑なにライフジャケットを着続けた。一団の中で一人だけ東洋人という状況もあり、自分が場の雰囲気から浮いていることを自覚する。臆病者で結構、石橋を叩いて渡る主義なのだ。

ついでに書いておくと、そもそも泳げないという決定的な理由もある。そう、カナヅチなのだ。考えたくもないが、仮にボートが転覆でもしようものなら、即座にアウトである。メコンの藻屑と消えるのは本意ではないので、かっこ悪かろうがなんだろうが、ライフジャケットは絶対に手放せなかったりする。

船旅自体は優雅なものだった。

乗ったボートと、その船頭さん。見た目よりもずっと乗り心地よし。

お日さまが高度を上げるにつれ、冷たかった風が徐々に生ぬるいものに変わっていく。大してスピードも出ない、シンプルなボートだ。チャンパサックまでは二時間もこれに乗ることになる。

川の流れに揺られながら、風を浴びる。メコンの風である。夢見心地に浸ってしまうのは、川沿いに広がる現実離れした光景のせいもあるだろう。

赤茶けた大地に、無造作ながら南国らしい生命力に溢れた樹木が生い茂っている。密林の中で時折現れる集落の、藁葺《わらぶ》き屋根の素朴な家並みも実に絵になる。

そして、滔々《とうとう》と流れる大河メコン――。

プリミティブな景観の中での川下りは、ちょっとした冒険気分を掻き立てるのだ。

以前に香港でディズニーランドへ行ったときのことを思い出した。ジャングルクルーズのようなアトラクションに乗ったのだが、周りで大はしゃぎしている人たちを横目に、心の底からは楽しめない自分がいたのを覚えている。場を白けさせる顰蹙発言こそ控えつつも、「どうせつくりものだしなあ……」と冷めた目で見てしまうのが本音だった。

やはり実物の方が何万倍、いや何億倍も素晴らしい。テーマパークと比較するのもナンセンスだが、これればかりは確信を持って断言できる。

あっという間の二時間だった。ボートは小さな入り江に停まった。船頭さんに導かれ、川岸の急斜面に設えられた階段を上っていくと街に出た。崖の上ののどかな家並みがチャンパサックのようだった。

パクセの比にならないレベルの田舎街だと感じた。高い建物は何一つない。一本の車道に沿うようにして、小さな家屋がまばらに点在している。日本だったら民族村のようなところで目にする高床式の住居も見られる。

剝き出しの土の道路の上を、鶏がよちよちと歩いていた。明らかに小学生ぐらいの年代の男の子がバイクを運転していた。街というよりは、村と呼んだ方が似つかわしい素朴な景観に、遠くまで来たなあと目を細めたのだった。

入り江の真上の敷地はゲストハウスになっていた。旅行会社と提携している宿のようだった。同行したフランス人のおじさん二人はここに泊まると言って、僕たちとはお別れとなった。

遺跡は街、いや村のはずれにあるそうで、トゥクトゥクで連れて行ってくれるという。パクセの旅行会社でもらったバウチャーを見せると、これに乗れと促された。

ところが、一緒に来ているドイツ人の一団が、何やらもめている雰囲気だった。どうやら、彼らが申し込んだツアーには、トゥクトゥクの代金は含まれていなかったらしい。うーん、ありがちな展開ではあるなあ。

　自分たちだけ別料金と言われ、「聞いていないよ」と抗議をするドイツ人軍団。結局一人四万キップで手を打って、僕の横の座席に乗り込んできたのだった。

「あなたは、ツアー代金をいくら払ったのかしら？」

　ドイツ人の奥さんに訊かれた。正直に二十二万キップだと答えると、奥さんはバツの悪そうな顔を浮かべた。彼らはなんと十二万キップしか払っていないのだという。このトゥクトゥク代を加算しても、僕よりもずっと安いではないか。

「私たちはグループだから、割り引いてくれたのかも」

　奥さんはそうフォローしてくれたが、釈然としない気持ちになる。訊かなければ良かったと後悔するも、後の祭り。

　その後も僕を気遣ってくれたのか、奥さんは英語で話しかけてきた。

「あら、東京からいらしたのね。お一人で？」

　こちらも動揺を気取られないよう、にこやかに応対する。フランクフルトに住んでいるというので、この前行きましたよと言ったが、話は大して盛り上がらず、そのうちまたドイツ人どうしの会話に戻っていった。

　おしゃべりなご夫婦たちだった。走行中のトゥクトゥクはブオーンと甲高いエンジン音を上げているが、その音に負けない大音声でぺちゃくちゃと会話を続けている。完全にドイツ語なので、僕だけが蚊帳の外に置かれる形になった。

車窓——といっても窓はないが——にはチャンパサックののどかな風景が流れていく。それをボーッと眺めながらも、耳に聞こえてくるのはドイツ語のみ。ツアーならではのシチュエーションと言えそうである。

たまにはこういうのもアリだろう。今日は随分と気持ちが大らかだ。大自然の前では、人間なんてちっぽけな存在にすぎない。メコンのダイナミックな営みを目の当たりにしたせいか、細かいことを気にするのも馬鹿らしくなっていたのだった。

目指す遺跡は、村の最果てに位置していた。

ワットプーのゲート。世界遺産にはとても見えないローカル感!?

走り続けてきた一本道の終点だ。トゥクトゥクの運転手に、十二時半に入口の駐車場へ戻ってくるように説明を受け、フリータイムとなった。ガイドはいないので、各自が勝手に見学するスタイルだ。

いちおうドイツ人軍団に軽く挨拶だけして、僕は一人入口へ向かった。遺跡の入場料はツアーには含まれていないと、昨日旅行会社で確認済みだった。五万キップを支払いチケットをもらう。ドイツ人はここでもまた「聞いてないよ」となるのだろうか。

入場してすぐのところに、ゴルフカートが停まっていた。これに乗って、遺跡まで移動するらしい。クルマ、ボート、トゥクトゥク、ゴルフカートと多様な移動手段を乗り継ぐ一日になった。

それだけ辺境の地ということなのだろう。もし日本から直で来るとしたら、きっと途方もなく時間がかかる。短期旅行でわざわざ訪れるには、ハードルの高い世界遺産であることは間違いない。我が家流に言えば、「プチ秘境」というやつだ。

まるで湖のような巨大な水場が見えた。池、なのだろうか。その周りでは牛が草を食んでいる。ゴルフカートは水場をぐるりと迂回し、対岸に到着したところが遺跡の入口になっていた。

乾いた大地に、無造作な石畳の回廊が続き、それに沿うようにして石造りのオブジェが林立している。長い年月を経て黒ずんだ石灯籠だ。回廊の先には小高い山が聳え立ち、麓には同じく黒みを帯びた石造りの建築物が左右に望めた。

ワットプーは、十世紀〜十二世紀にクメール人により建立されたヒンドゥー教寺院である。構造的にはカンボジアのアンコールワットに似ているが、ワットプーの方が歴史は古い。かつてのアンコール王朝はこの地を足がかりに勢力を拡大し、カンボジアに数多くの寺院群を築いていく。要するにアンコールワットのベースとなったのが、ここワットプーなのだ。

麓に立つ二つの建築物は、向かって右から北宮殿、南宮殿と呼ばれる。全体的に朽ち果て、瓦礫の山のような箇所も目立つが、壁面の微細なレリーフから華やかなりし頃の威光が窺える。まずはここで記念写真をパチリと撮るのが、観光客にとってのお約束と言えるだろうか。

当時の姿が綺麗な形で残るアンコールワットと比べると、見た目のインパクトには正直欠ける。人によっては、「えっ、これだけ……？」と拍子抜けするかもしれない。

けれど、考え方次第だ。何百年も前の建築物なのである。朽ち果てた感じも遺跡らしいというか、むしろ味があるとも思うのだ。

不完全な方が、想像力が介在する余地が生まれる。残された数少ない遺構から、在りし日の姿を自分の中でイメージするのは、興奮する瞬間なのだ。世界各地で遺跡と呼ばれるジャンルのスポットを数多く見てきて、辿り着いた結論の一つだった。単なる自己満足であることは否定しないけれど、旅なんて所詮は自己満足の世界だ。

北宮殿ではところどころ修復工事が行われていた。足場が組まれ、男たちが汗を流しながら作業している。この手の観光地では、苦労して訪れたら工事の覆いに隠されていてがっかり、なんてことがしばしば起こる。けれど、ワットプーのそれは気になるレベルではなかった。まるで壊れた民家の屋根を修復しているかのようで、世界遺産の修復作業というには随分とスケールは小さなものに見えた。

もしかしたら、大々的な工事に着手するほどの予算的余裕もないのかも……そんな穿った見方をしてしまうほどだった。

何より感動したのは、遺跡のロケーションだった。宮殿から先へ進み、急な石段を登り、後方を振り返る。すると、見渡す限りのパノラマが広がった。遠く彼方まで地平線が続く。遺跡の全体像もよく分かる。池に見えた水場と遺跡へ続く回廊、そして宮殿跡。ジオラマのように俯瞰で見下ろすことで、現役時代の姿をより具体的かつリアリティを持って想像できるようになる。

山の上には、この遺跡で最も原形を留めているであろう建物が出迎えてくれた。これが本殿らしい。シヴァやガネーシャなど、いかにもヒンドゥー寺院といった造形の神々のレリーフが外壁に刻まれている一方で、中へ入ると極彩色に飾られた仏像が鎮座していた。なんだかミスマッチな感じがするが、仏教国ラオスでは、ここは現在は仏教寺院としての役割を担っているのだろう。

本殿を拝める小さな石の出っ張りに腰掛け、小休止する。ほかの観光客がちらほら通り過ぎるが、本当に「ちらほら」という感じで、広大な遺跡の敷地内は静寂に包まれていた。やはり人が少ない方が落ち着ける。

物売りは一組だけ見かけたが、積極的に営業トークをしようという姿勢でもなく、気だるそうに携帯電話をいじっているだけだ。大観光地にはなりきれない、ラオスらしいゆるさに満ち溢れたこの遺跡に、僕は好意を抱いたのだった。

持参したペットボトルのミネラルウォーターで喉の渇きを潤した。ただの水なのに、や

高台からワットプーを望む。広々とした景観に気持ちが浮き立つ。

けに美味しい。この旅で口にした飲み物ナンバーワンに輝きそうなほどである。

遺跡を見終わった後は、チャンパサックから再びメコン川をボートでパクセへと引き返した。行きとは逆に川を上流へ向かって遡るせいか、スローなボートがさらにゆっくりに感じられた。

二時間以上の船旅だ。のろのろと進むボートから見える景色に、ドラスティックな変化はない。コーヒー牛乳のような色をしたメコン川、そしてどこまでも続く深い密林。一見、単調なようでいて、退屈しないのは不思議だった。炎天下の中、遺跡を歩き回った後だから、これがバスなら居眠りをしていた可能性は高い。

ゆるやかな景色の流れの中で、遺跡の余韻に浸る。もちろん、ライフジャケットを着用するのは忘れない。船内では引き続きドイツ語が飛び交っていた。

僕は満足していた。

どんな旅でも、ハイライトと呼べる瞬間が訪れる。長い旅でも、短い旅でも必ずやってくる。メコンを眺めながら、ボートの揺れに体を預けるこの瞬間は、まさに今回の旅の一つのハイライトと言えそうだった。

ときどき釣り船とすれ違った。今晩は魚料理でもいいかもなあと、ぼんやりとした思考の中でも俗っぽい欲求だけは湧いてくる。手を振ると、釣り船の漁師さんはしっかり振り返してくれた。日に焼けた顔が勇ましい。

川の上だというのに、なぜか自動車が走っていた。近づいて見て、大きな筏《いかだ》のような船で自動車を運搬しているのだと知り、瞠目《どうもく》させられる。目の前で繰り広げられる些細な出来事にいちいち感動できる自分が嬉しかった。

帰路の船旅では、ちょっとしたアクシデントもあった。スマホを充電しようとしたときのことだ。モバイルバッテリーとUSBケーブルを持ち歩いており、出先で電池が切れそうになったら、急場しのぎで充電するようにしている。

ケーブルのコネクタを差し込もうとした瞬間だった。ボートがグラッと揺れた。そして衝撃で手元からケーブルが落ちてしまったのだ。床には隙間があった。なんとも運の悪いことに、ちょうどその隙間目がけてケーブルが落ちていった。

「あっ……」となったが、手遅れだった。腕が入らないような狭い隙間である。舟底にたまった水の上にプカプカ浮かんでいるケーブルを見て、僕は天を仰いだ。

落胆したのは言うまでもない。しかし同時に、ある旅の記憶が脳裏を過った。以前にキューバへ行ったときのことだ。

カリブ海の島国はどこへ行っても音楽に溢れていた。サルサ・ミュージックのアップテンポなリズムに乗せられて踊り明かす日々は最高にエキサイティングだったが、水を差す事件が起こった。

当事者は僕ではなく、同行していた奥さんだった。踊っていると、ガシャンと床で嫌な音が響いた。土産物の置物が粉々に砕けてしまったのだ。市場で買ったばかりのそれを、彼女はカバンにくくりつけていた。踊る拍子に外れてしまったらしい。

僕たちはしょんぼり項垂《うなだ》れた。さして高いものではないが、それでも散々迷いに迷って購入を決めた置物である。

重苦しい空気を打破してくれたのは、隣で踊っていたキューバ人女性の台詞だった。

「あら、良かったじゃない？」

女性の言葉に耳を疑った。良かったたって……。訝る僕たちに、女性はこう続けた。

「何かものが壊れるのは、悪いことじゃないわ。自分の身に降りかかる不幸の身代わりになってくれたって考えればいいのよ」

なるほど、発想の転換である。目から鱗とはこのことだ。

救われた思いだった。悲しい出来事であっても、捉え方次第というわけだ。もうだいぶ前の話だが、いまでも忘れられない強烈なエピソードである。

何事もポジティブに考えた方が上手くいく。自分や、自分の大切な人が水に沈んだわけではないのだ。しかもスマホ本体ではなく、単なるケーブルにすぎない。また買い直せば済む話だ。

パクセの船着き場に到着すると、ツアーはそこで解散となった。送迎のクルマが来るはずだが、見当たらない。まあでもすぐそこだし、と歩いてホテルまで帰った。

途中で八千キップ・ショップを見つけた。店内の商品が一律八千キップという、日本の百均のような店だ。八千キップはちょうど百円ぐらいなので、値段的にもまさに百均と言えそうだった。

何気なく覗いてみると、スマホのケーブルが売られていた。運命的なものを感じざるを得ない。水没したケーブルも、日本で百均の店で買ったものだった。

8000キップ・ショップ。この手の店は旅先でも意外に重宝する。

第四章　ベトナム

(10) 眠らない街で眠りにつく

トラップは油断した頃にやってくる。

翌朝、僕は空港へ向かった。暢気なものだった。四万キップと、来たときの半額の料金でタクシーが捕まったのに気を良くしながら、窓の外の田園風景に見惚れていた。ビエンチャンから乗った飛行機では、少し前に墜落事故があったという先入観から必要以上にビクビクしていた。難関——そう自分で勝手に思っているだけだが——を無事に突破し、ふう一安心、と気がゆるんでいた。

ところが、警戒すべきはあのフライトではなかったのだ。本命は、この日乗ったホーチミン行きの便だった。エアラインパスが対応している意外路線。一筆書きの要領で進める効率の良さに惹かれ、得意顔で予約を入れたフライトである。

国際線だからと、出発の二時間前にやってきたのだが、チェックイン・カウンターには誰一人乗客の姿は見当たらなかった。搭乗手続きを済ませ、荷物検査などを終え、搭乗口の前まで来ても、ほかの乗客はまったく見かけない。椅子が並べられた待合室はがらんとしており、不安を覚えるほどだった。

——まさか、乗客は僕だけだったりして？

いくら田舎の空港とはいえ、こんなことはいまだかつてない。

出発時刻が迫ってきた段になって、ようやく乗客が姿を見せ始めた。随分、のんびりしている。でも、全員を数えても十名にも満たない。

辺境と言われる土地へ行くと、わずかな人数の乗客を乗せて飛ぶ、まるで路線バスのようなフライトにも稀に遭遇する。けれど、それらはあくまでも国内線だ。国際線でこの人数は、自分としてはあり得ないと思えた。

——本当に飛ぶのだろうか。

不安は別の形となって僕の前に現れた。待合室の窓から小さなプロペラ機がこちらに向かって走ってくるのが望めた。見たことのない機体だった。

どうやら、あれに乗るらしい。

理解した瞬間、自分の中を衝撃が走った。建物からとことこ歩いてその飛行機に乗り込み、座席を見て、不安が遂には恐怖心に変わった。

一言で言えば、ボロかった。外観から予想はついたけれど……。

壊れているのか、背もたれは最初からリクライニングしていて、ボタンを押しても戻らない。年季の入ったシートベルトをカシッと閉め、シートポケットに入っている安全のしおりのような紙きれを手に取った。機体名を確認しようと思ったのだ。

メコン川に墜落した例のATR－72ではなかった。「MA60」という機体のようだった。聞いたこともない型番だ。

よせばいいのに、僕はスマホでブラウザを立ち上げた。「MA60」で検索してみると、ウィキペディアの情報が見つかった。

中華人民共和国の西安飛機工業公司が開発した旅客機だと書いてある。

中国製の旅客機――僕の恐怖を助長させるには、その情報だけでも十分だった。ところが、読み進めていくうちに、さらに恐ろしい記述が出てきたのだ。

以下、そのまま転載する。

――設計及び生産レベルの低さに起因する

足取りはズッシリ重い。祈るような気持ちで飛行機へ乗り込んだ。

事故や運航トラブルが多く、国際的な安全基準に達していない可能性があるので納入拒否したり、受領したものの運航停止した航空会社や、政府により運航停止措置が出されたり搭乗を避けるよう警告を出している国もある。なおこれまでに先進国の航空会社で運航されたことはない。

スマホを握る手に冷や汗が伝った。

——なおこれまでに先進国の航空会社で運航されたことはない。

その部分を繰り返し読み直す。血の気が引いていくのが分かった。

本音で書くが、中国製と聞いて安心できない気持ちは僕の中で根強い。別に中国のことを殊更嫌っているわけではないし、中国の人に何の恨みもないが、これぱかりは抗えない素直な感情だ。

ましてや、自分の生命を預けることになる飛行機である。つい少し前にも致命的な事故を起こしたばかりの航空会社という、大きすぎる追加材料もある。

事前に知っていたなら、絶対に予約を入れなかっただろう。

たかが乗る飛行機の機体ぐらいで……と鼻で嗤われるかもしれない。仮にも旅行作家を名乗っておきながら、なんという体たらくと自分でも自覚している。

けれど、僕にとっては尋常ならざる大事なのだ。

僕の飛行機に対する警戒心を象徴するようなエピソードを一つ披露したい。

ウズベキスタンを旅したときのことだ。首都タシケントから、世界遺産の古都サマルカンドへ飛ぶ国内線に乗った。窓の日よけがカーテンという、ロシア製の年代物の飛行機だった。

自分史上最も怖いフライトになった。飛行機は離陸してから着陸する瞬間まで、激しく揺れ続けた。見た目からもたらされた偏見も多少は入り交じっていただろうが、気流の関係だけで揺れているとはとても思えないレベルの揺れだった。

ギュッと肘掛けを力強く握りしめる時間が続いた。怖かったのは僕だけではなかったらしく、サマルカンドの空港に着陸した瞬間は、機内の乗客から割れんばかりの拍手が巻き起こった。トラウマになるような恐怖体験だった。

帰りも同じ路線で予約を入れていたが、恐ろしくなりキャンセルして、陸路で帰った。当然のように払い戻しは不可能で、お金をどぶに捨てる格好になったが、代償を払ってでも、もう二度と乗りたくない気持ちが勝った。

臆病者なのだろう。そのことは否定しないし、馬鹿にしてくれても一向に構わない。自分の命が惜しいのだ。惜しくてたまらない。

いわゆる「冒険家」と呼ばれる人たちの紀行文などを読むと、命の危険を顧みないその勇気と行動力に、単純にすごいなあとリスペクトはする。けれど、ＲＰＧの勇者のような武勇伝に触発され、自分も真似したいと憧れを抱くことはない。

あくまでも旅行、それも娯楽のための行動である。ときには若干深入りすることもあるけれど、基本は浅く広く世界の表層的な部分だけ見て満足するタイプだ。異国の風に吹かれて美味しいビールが飲めれば、それでいい。

そんな旅行者にとって、地獄とも言える時間だった。十人にも満たない乗客を乗せ、MA60はパクセを飛び立った。飛行機がほんの少しグラッとしただけでも、生きた心地がしなかった。機内食らしき軽食が配られた。気を紛らわせるために口に入れたが、味わう心の余裕はなかった。

ホーチミンに無事到着したときには涙が出そうになった。大げさと思うかもしれないが、事実だ。天にも昇る気持ちだった。

ああ、怖かったよぉ……。

同じ東南アジアの隣国とはいえ、ホーチミンの空港はまるで別世界だった。建物から何から近代的でピカピカなのだ。ちょうど床掃除をしているおばちゃんの姿も目についた。磨いたばかりの床が照明に反射して輝き、キラキラし眩しいほどだ。ついつい、お上りさんの心境でキョロキョロ見回してしまうのだった。

日本から持参したベトナムの通貨を貴重品袋から取り出し、ポケットへ入れた。前回のベトナム旅行で余ったお金だ。

同時に手元に残ったラオスのキップ札をしまった。改めて見ると、ものすごく汚いお札だった。切れた箇所をセロテープで補修している、冗談のようなお札まであった。

お札を入れ替えたことで、新しい国へ到着した実感が湧いてきた。来たるべき新展開へ向けて、気持ちを切り替えねばならない。

入国審査のブースには長い列ができていた。進みは遅い。そのうえ、少しでも隙を見せると、中国人がここぞとばかり割り込もうとしてくるのに面喰らった。いつものこととはいえ、中国製の飛行機で怖い思いをした後だけに、いつも以上に忌ま忌ましさが募るのだった。

ようやく自分の番になり、パスポートを提示すると、ここへ来るのに乗ってきた飛行機の搭乗券を見せるようにと指示される。帰りのチケットを求められることはよくあるが、到着便の搭乗券というパターンは珍しい。

ベトナムの入国審査は簡略化され、いまでは入国カードすら省略されている。かつてまだビザが必要だった時代を知る者としては、隔世の感がある。ビザに記載された国境以外からの入国さえ不可だったのだ。

ともあれ、ほかはとくに問題ないようで、無事に入国を果たした。これで何ヶ国目だろうか。香港、タイ、ラオスと来て四ヶ国目か。今回はじっくり型の旅なので、国数はあまり稼げなさそうだ。

ちょうど二年前にも東南アジアを周遊する旅に出た。同じようにタイやベトナムへも訪れた。あのときはＬＣＣだけを乗り継ぐという、我ながら酔狂なテーマを掲げていたせいで、あまり意識しなかったが、一ヶ国当たりの滞在日数がとにかく短かった。基本は一ヶ国一都市で、ほぼ一泊で次の都市へ飛ぶ高速移動である。

同じ土地でも、旅のスタイルが変わると、目に見える景色が変わる。満足度を得られる対象にも微妙な差異が生じる。どちらがいい悪いではなく、気分次第でその都度最適なスタイルを選択するのが飽きがこなくていいいか

ホーチミンの空港で人の多さに目を瞬かせる。すっかりお上りさんだ。

もしれない。

荷物をピックアップして外へ出ようとしたところで、ふとATMが目に留まった。ベトナムドンはいちおう少しは持っているが、ついでにもう少し下ろすことにする。カードを入れ、暗証番号を打ち込んだ後、金額を入力する画面になったのだが、ここで考え込んでしまった。

最近は両替ではなく、こうしてATMでお金を下ろす方が主流になった。英語とはいえ、操作はさほど難しくないし、為替レートに頭を悩ます必要もない。何より、大金をキャッシュで持ち歩くリスクから開放されるのは大きなメリットだ。

多くの場合、ATMの画面上には金額の選択肢が表示される。たとえばタイならば、五百バーツ、千バーツ、三千バーツ、五千バーツといった具合に、キリのよい数字から選べる方式になっている。

ところが、ベトナムのATMは勝手が違った。金額の選択肢は出てこずに、下ろす金額を直接打ち込む形なのだ。些細な点かもしれないが、優柔不断な人間なので困ってしまった。

しかも、ベトナムもラオス同様に通貨の桁がやけに大きいのだ。間違いのないよう、ゼロの数を何度も確認しながら、ボタンを押す必要がある。そもそもいくら下ろせばいいのかも、咄嗟には見当がつかない。着いたばかりなので、スマホはまだオフライン状態でネットでレートを調べるわけにもいかなかった。

うーん、うーん、うーん……。

悩んだ挙げ句、キャンセルボタンを押した。まずはSIMカードを入手しようと思い直したのだ。なかなか先へ進めないのだった。

海外旅行で現地の空港に着いて最初にすべきことは、現地のお金の確保だろう。そして二番目にすることがSIMカードの入手であると、過去の拙著でも繰り返し書いてきた。

遂にこの優先順位が入れ替わった。ますますスマホへの依存度が高まっていて、ネットがないと何もできない旅行者になってしまったらしい。

実はATMのすぐ近くに携帯電話会社のカウンターがあることを知っていた。前回の旅でもここでSIMカードを購入したのだ。行ってみると、すぐに見つかった。五百メガバイトまで使えるデータ専用SIMが八万一千ドン。マイクロSIMやナノSIMだと、なぜかプラス二万五千ドンかかるという。

計十万六千ドンか。あまりの桁の大きさに、なんだか恐ろしく高い買い物をしているような気になってくる。言われた通りの金額を支払った。無事にオンラインになったので計算してみると、十万六千ドンは日本円にしてわずか五百円ちょっとだと分かった。なんだか無駄に気疲れした気分だ。

再びATMに戻り、ひとまず百万ドンを下ろすことにする。これがドルだったら気が遠くなりそうな金額だが、ドンだと五千円程度だ。手数料として二万ドンが追加されますがいいですか？　と画面に表示され、一瞬怯んだが、百万も下ろしているのだから誤差の範囲だろうとイエスを押した。

ようやく態勢が整ったところで、いよいよ市内へ向かう。ここでもさらに頭を悩ませる問題が待ち受けていた。どうやって市内へ出ようか――。

空港からホーチミン市内までは、タクシーを利用するのが旅行者の定石だ。というより、ほかに現実的な手段があまりないと言える。いちおう公共のバスも走っているが、物価の安い国で無理して遠回りするのも得策ではない。バス停からホテルまでの移動も面倒くさいし。

つまり、最初からタクシーを利用する気満々でいたのだが、それでも悩ましいのがホーチミンという街だった。空港のタクシーが曲者なのだ。ボッタクリの被害報告は数知れず、僕自身も過去に痛い目に遭っている。ホーチミン旅行の、最初にして最大の難関と言っても過言ではないかもしれない。

対策としては、闇雲に乗るのではなく、比較的安全とされる会社のタクシーを意識的に狙いうちするのが最善の方法と言われている。どの会社が当たりなのか、ガイドブックにも名指しで書かれているぐらいだ。

では、具体的にどのタクシー会社が当たりなのか――。

忘れてしまった。がーん。

ホーチミンへ来るのは初めてではない。というより、割と数多く来ている街の一つだったりする。それでも肝心の記憶が来る度に抜け落ちてしまうのは、タクシー会社のロゴデザインや名前が似通っているからだと責任転嫁しておく。

ガイドブックが手元にあれば一発なのだが、あいにく持ってきていない。こういうときは、やはりネットが頼りになる。検索すると、すぐに答えが見つかった。どうやら、マイリンとビナサンの二社がオススメだという。

さらには、気になる情報も見つけた。到着階ではなく、エレベーターで上の出発階へ行き、客を乗せてきたタクシーを拾うのが最も安全だと書かれていた。

なるほど、なるほど。こういう裏技は、ガイドブックではまず得られないネットならではの強みと言えるだろうか。

書かれている通りに、エレベーターへ向かった。途中、何度も怪しげな白タクの客引きに声をかけられたが、すべて無視して振り切った。エレベーターの中で、カバンに取り付けられていた荷物タグを外す。これがあると、一目で到着したばかりの客と分かりカモになりやすい。

出発階は実に平穏な雰囲気だった。マイリン社のタクシーが目の前に停まったので、客が降りるのを待って、運転手に話しかけたら、乗っていいという。
良かった。これにて一件落着。

変化が著しい東南アジアの中でも、ベトナムは群を抜いていると感じる。来る度に、目に見えて分かるレベルで街が発展しているのだ。およそ十年前に初めて訪れたときと比べると、最早別の街のようである。

タクシーはホーチミン中心部へ近づくにつれ、スピードがぐんぐん遅くなっていく。交通状況のせいだが、単なる渋滞とは一味違う。

犯人は——バイクだ。

前方はもちろんのこと、右から左から次々とバイクが現れ群をなす。信号のない交差点を四方八方から無秩序にバイクが乱入してきて、それを掻き分けながらクルマはのろのろ進んでいく。これぞホーチミン名物、バイクの大群である。

ホーチミンの見どころを何か一つ挙げるとするならば、僕は迷いなく「バイク」と答える。まるでバッタの大群のようであり、暴走族の集会のようでもある。何度見ても衝撃を受ける光景だ。

街の発展に歩を合わせる形で、バイクの大群も着実に変化していると感じた。進化といってもいい。走っているバイクのクオリティが、上がっている気がするのだ。ほとんど新車のような綺麗なバイクも決して珍しくない。途中でバイクのショウルームのような店舗も何軒も見かけた。真新しいバイクのショウルームは、この国の経済発展の象徴のようにも思えるのだった。

何より、道を走るバイクの台数がさらに増えている。あくまでも主観だし、毎回同じ感想を抱いている気もするが、旅先では下手なデータよりも肌感覚を重んじたい。ラオスの田舎街からやってきただけに、なおさらそう感じるのかもしれない。とにかく、絶え間なく続くバイクの大群に僕は唖然とさせられたのだった。

同国の首都ハノイは、空港から市内までか

この街ではさすがにレンタバイクは勇気が要る。楽しそうだけど。

なりの距離があり、移動するだけでやたらと時間がかかる。対してホーチミンは距離的にはずっと近いはずなのに、同じぐらいか、それ以上に所要時間が必要なのは、紛れもなくバイクのせいだった。

ホテルに着いたときには、ホッと安堵したと同時に、何かをやり遂げた気持ちさえ込み上げてきた。クルマの中にいるから安全とはいえ、何度もヒヤッとさせられたのだ。急な飛び出しなんて日常茶飯事、予期せぬ方向から三人乗りのバイクが突っ込んできたりする。いつ事故ってもおかしくなさそうな、カオスな道を突破してなんとかゴールに辿り着いたというわけだ。

なんだか今日はビビッてばかりだなあ。根っからの小心者なのであった。

宿泊先は、デタム通り近くで予約していた。ファングーラオ通り、ブイビエン通りに囲まれたこのあたりは、バンコクのカオサンと並んで、東南アジア屈指の安宿街として知られる。一泊数ドル～十ドル程度で泊まれるゲストハウスが主流だが、もう少し予算が出せる旅行者向けの、日本でいうビジネスホテルのような宿も数多い。それらは「ミニホテル」などと呼ばれ、二、三十ドルも出せば快適な部屋に泊まれる。僕が投宿するのもだいたいいつもミニホテルだ。

短期旅行者には新市街のドンコイ通りの方がポピュラーだという。ガイドブックをパラパラめくると、そのことは良く分かる。デタム通りの情報なんて、ほんのわずかしか載っていない。あくまでも、バックパッカー向けのエリアというわけだ。

　ホーチミンは宿代の相場が実は結構安くて、多少奮発してそれなりにいい宿に泊まっても知れている。バンコクなどと比較しても、節約目的であえて安宿街を選ぶメリットはあまりないようにも思える。

　けれど、僕にはデタム通りの方が気持ちが落ち着く。ドンコイ通りの「ホーチミンの銀座」などと呼ばれるオシャレな雰囲気にはなんだか気後れしてしまうのだ。

　以前にも泊まったことのあるホテルを予約していた。定宿と言うほどではないが、よく来る街では目星の宿があると旅が格段に楽になる。

　ところが、着いてみて目をみはった。前回泊まったときよりも、あちこちが綺麗になっているのだ。リフォームしたようだった。というより、現在進行形で工事をしている最中らしく、ペンキのにおいが鼻をつく。

　レセプションのスタッフがやけに愛想がいいのも印象的だった。流暢な英語で説明してくれるその表情は生き生きしていて、自分の仕事に誇りを持っていそうな目の輝きぶりに圧倒される。安宿街特有の退廃的なムードはまったく感じられない。

　僕はカオサンを思い浮かべた。世界一とも言われた安宿街も、昔と比べるとだいぶ様変わりした。オシャレなカフェやレストランが続々オープンし、綺麗なホテルも増えた。いまや単なる安宿街ではなく、タイ人の若者たちが集まるトレンドスポットの様相を呈している。デタム通りも、同じ道を歩み始めたのかもしれなかった。

荷解きをして、街をぶらぶらしてみると、知らない店があちこちにできていて、浦島太郎のような気分になった。スタイリッシュという形容が似合いそうな、都会的なセンスの店が目につく。オープンカフェでタブレット端末を手に談笑しているのは、外国人旅行者ではなくベトナム人の若者たちだ。

行きつけのフォーの店へ行くと、なんとこんなところまでピカピカになっていた。いかにも街の食堂といった感じの、素朴な佇まいの店だったはずだが……。しかも、エアコンも入っている！　僕はたまげてしまった。

お馴染みの鶏肉入りのフォー・ガーを注文し、どっさり出てきた香草類をわしゃわしゃ入れて味わう。変わらぬうまさだが、会計をしたら五万五千ドンもして怯んだ。こんなに高かったっけ……うーむ。

衝撃はそれだけではなかった。日が落ち始めてから目にした光景が圧巻だった。ビアホイへ向かった。いわゆるベトナム式のビアガーデンだが、日本のビアガーデンとは少々趣が異なる。路上に背の低い椅子が並べられ、即席の飲みどころが出来上がる。つまみ類を調理して出す店もあるが、雑貨屋さんがついでに営業しているようなところも多く、雰囲気としては立ち飲み屋さんに近い。

ベトナムには「333」と書いて「バー・バー・バー」と読む定番銘柄のほか、サイゴンビールなど、日本にも輸出されているような人気ビールも数多いが、ビアホイのビールはそれらとはまったくの別物だ。

一言で言えば安酒。一杯たった五十円。

不安になるような安さのビールは、実際飲みすぎたら危険という話も耳にする。けれど、得体の知れない安酒を手にマッタリするのも、ベトナムらしい夜の楽しみ方の一つとして僕は密かに愛していた。

安宿街周辺では、ブイビエン通りにビアホイの店が立ち並ぶ。フラッと立ち寄って、グイッと一杯やるのが、いわばマイ定番コースなのだが、ここも変わりゆく街の中では例外ではなかった。

絹のような麺と、たっぷりの香草。ベトナムへ来たら、フォーを食べなきゃ。

ビアホイは健在だった。ところが、僕が知るビアホイはそこにはなかったのだ。

例の背の低い椅子は並べられていた。その数が尋常ではない数だった。狭い歩道を完全に埋め尽くし、車道にまではみ出ている。見渡す限りの人、人、人——。立錐の余地もないほどだ。大盛況を通り越して狂乱とでも言えそうなレベルの賑わい。

「な、な、なんだこれはっ！」

思わず声を上げてしまった。そして呆気にとられた。

ビアホイというと、どこか垢抜けない空気が漂う場所だと認識していた。オヤジが酔っ払ってくだを巻くような、良くも悪くも場末の酒場に近しいイメージだ。

けれど、目の前に広がる光景は別世界だった。近くに泊まっていると思しき外国人旅行者もちらほら見かけるが、飲んでいるお客さんの大多数を占めるのはベトナム人、それも若者たちだった。彼らの社交場と化

若者たちの社交場と化すビアホイ。ホーチミンは変化の速い街だとつくづく思う。

している様を目の当たりにして、僕は困惑した。結局一杯も飲まず、逃げるように立ち去ってしまったのだった。

ホーチミンはやはり発展していた。全力疾走しているかのようなその勢い盛んな発展速度に、僕は目が回りそうになった。

そろそろ、ついていけないかもしれない——。

そんな弱音を吐きそうにもなった。ついつい昔を懐かしんでばかりいる自分が、情けなくもあった。歳をとったせいだろうか。旅も中盤戦を越え、少し息切れしてきたのかもしれなかった。

とうとう休肝日とすることにした。

水だけで食事を済ませ、そそくさとホテルへ帰った。近くのバーでは、夜遅くまでライブの演奏が爆音をかき鳴らしていた。いつまでも鳴り止まないその音を耳にしながら、眠らない街で、僕は眠りについたのだった。

(11) 世界一イージーな国境越え

目が覚めたら、Ｗｉ－Ｆｉに繋がらなかった。フロントで問い質すと、パスワードを変更したのだという。朝早くから工事の作業員がバタバタしている。絶賛リフォーム中という光景に戸惑いつつ、朝食会場へ向かった。

エレベーターに乗り込んだら、階数表示が「Ｇ」になっていることにふと気が付いた。そういえば、昨日到着した空港も一階が「Ｇ」だった。かつてのフランス統治時代の名残なのだろうか。

ベトナムのミニホテルでは、大抵は朝食が付いている。ホテル付属の朝食には普段はほとんど期待しないのだが、ベトナムとなると話は別だ。美味しいパンと、コーヒー。どこへ泊まっても、最低でもこの二つは用意されている。

この国の食文化を観察すると、やはりフランス統治時代の影響が随所に見られる。パンといっても、トーストではなくバゲットが出てくるところが素晴らしい。フランス本国のバゲットより皮が柔らかく、中はふんわりしているそれを食べるのは、個人的にベトナム旅行の最大の楽しみである。

そして、これまた欠かせないのがコーヒーだ。僕は普段日本で、コーヒー漬けの日々を送っている。毎日最低五杯は飲む。朝起きたら一杯、毎食後に一杯。仕事中も常時カップにはコーヒーが入っている。ほとんど中毒者だ。

だから、美味しいコーヒーが飲める国はそれだけで高得点をあげたくなる。

最近はだいぶ知られるようになったが、ベトナムのコーヒーはいわゆる我々が日常的に口にするモカやキリマンジャロといった定番コーヒーとは別物だ。豆の種類からして違うし、何より淹れ方、そして飲み方にもこだわりが感じられる。

アルミやステンレス製のフィルターでドリップし、濃く抽出された黒々とした液体。それにコンデンスミルクをたっぷり加える。ブラックで飲むには苦みが強すぎるが、甘ったるいぐらい甘くしても風味が損なわれないのは不思議だ。

街の変化に気をとられるあまり書き忘れたが、昨日はホーチミンでこのバゲットとコーヒーを堪能していた。

街歩きをしていると、そこかしこでバゲットの屋台を見かける。ベトナム式サンドイッチ「バインミー」の屋台だ。いわゆるB級グルメながら、数あるベトナムの名物料理をさしおいて、僕はこのバインミーを絶対的ナンバーワンに推したい。

漂う小麦の匂いに誘われて、それら屋台で買い食いしたい欲求がむくむく湧いてくるが、堪えに堪えて僕はニューランへ向かった。新市街にあるバインミーの名店である。ホーチミンでバインミーを食べるなら、ここが一番ではないかと僕は睨んでいる。

新市街までは、デタム通りから歩いて行くと何気に結構距離がある。けれど、わざわざ訪れてまでも食べる価値はある。食いしん坊旅行者としては、うまいモノが食べられるかどうかは最もプライオリティが高いのだ。

ラオスでも、とんでもなくうまいサンドイッチに出合った。けれど、いま振り返ればベトナムの方がさらにその上を行く気がする。パン自体もさることながら、コーヒーの存在は大きい。街中にカフェがあって、歩き疲れたらちょっと一服といった感じでいつでも気軽にコーヒーにありつけるのは、この上ない

ニューランのバインミーは２万ドン。店内ではフルーツジュースも。

魅力だ。

バインミーを頬張り、にが甘いコーヒーで一息つく。

僕にとっては最上のベトナムの楽しみ方である。街並みや、そこに暮らす人々は変われど、そんな至福の時間だけはいつまでも不変でホッとする。

ビアホイ同様、カフェでも背の低い椅子が大活躍だ。ビアホイでは新世代のベトナム人たちの、エネルギッシュな勢いに圧倒されたが、椅子に座って暇そうにコーヒーを見つめているおじさんも多い。寝間着のようなリラックス系の服——これもベトナムの定番——を身にまとったおばちゃんに、コーヒーの代金を支払う。一杯、一万五千ドン。変わらぬ安さに僕はほくそ笑んだ。

そういえば、新市街からの帰り道のことだった。ふと日本語が聞こえてきて、僕はハッとなった。ラオスでは日本人にまったく出会わなかったのだ。懐かしくなって耳をダンボにしていたわけではないが、話す台詞の内容までクリアに聞き取れた。

「ワタシ、これ無理！　ぜったい渡れないからっ」

若い女性たちだ。信号のない道路の前で立ち往生しているようだった。例によって右から左からバッタ、もといバイクの大群が押し寄せてくる。先へ進むためには、この波に突入して横断しなければならないのだが、匙を投げたくなる気持ちには同意する。一歩間違えれば、いつ轢かれてもおかしくなさそうな試練に思える。

買ったばかりと思しき紙袋を手に、道のど真ん中でガイドブックを広げながら、次はどこへ行こうと相談している女性の一団ともすれ違った。デタム通り周辺ではまったく見かけなかったなあ。同じ街でも、エリアによって旅人の活動範囲は異なるいい例だ。

これもホーチミンへ来る度に感じることだが、街を歩いている日本人の若い女性がやけに多い。タイやマレーシアといった、ほかの東南アジア諸国と比べても、顕著に目立って多い。いわゆるバックパッカー的な旅をしている女性とは別人種だ。ハイヒールを履いて、オシャレに女子会といった雰囲気の女性たちである。

最初は街の喧噪からは浮いて見えたものだが、毎回目にするので段々違和感がなくなってきた。新市街には、彼女たちを当て込んだオシャレなお店がますます増えていた。それらの店の入口には、しっかり日本語の案内が出ている。一時期のブームは落ち着いたとはいえ、まだまだこの国の雑貨やヘルシーな料理が女性たちを惹きつけているのだろう。

彼女たちに触発されたのか、なぜか唐突に一人旅の寂しさが込み上げてきたのは不思議な感情だった。ほとんど話相手もいない旅だった。物思いに耽る時間は貴重な一方で、独り言や愚痴も妙に多かった気がする。

「飛行機は何時だっけ？」

ホテルで静かに朝食をとっているときだった。まるで狙ったようなタイミングで、そんなメールが届いた。日本で留守番をしている奥さんからのメールだ。

「飛行機は何時だっけ？」

もう一度、文面を確認する。ここでいう「飛行機」というのは、僕が乗るものではない。彼女が乗るフライトの出発時間を、僕に確認しているのだ。

今日は金曜日である。実は今晩、羽田から出発するフライトのチケットを予約していた。仕事帰りに週末海外。乗るのは自分ではないが、僕が予約してお金も払った。スケジュールはプリントアウトしてレジュメにし、日本を出る前に彼女に渡したはずだが——。

「飛行機は何時だっけ？」

なんだかなあと、ため息をつく。しかし次の瞬間、口元がほころんだ。彼女からのいささか間の抜けた質問も、いつものことなのだ。直前にならないと本気を出さないタイプらしい。

家を出てからもう一週間以上が経つ。実際には一週間ながら、旅に集中しているせいか、体感としてはもうだいぶ長いこと留守にしたような気分でいたりする。

けれど、日本の方は相変わらずなようだ。短い文面から、いたって平常運転という感じが伝わってきて、僕はなんだか妙に安心したのだった。

奥さんは羽田からバンコクへ飛ぶ。早朝に現地に着いて、そこからさらに飛行機を乗り継ぎ、カンボジアのプノンペンまでやってくる。

ホーチミンにいる僕の次の目的地もプノンペンだった。そう、落ち合う手はずなのだ。プノンペン合流大作戦の発動である。

ホーチミン〜プノンペンの区間は、ラオス国営航空もバンコクエアウェイズも運航しておらず、エアラインパスは使えない。僕は陸路で移動するつもりだった。この旅二度目の国境越えである。

朝食を終え、部屋に戻ったら僕は荷物をまとめた。実は昨日のうちにバスのチケットは購入してあった。チェックアウトして、指定された乗り場へ向かった。

かつての長旅で、僕自身が辿ったルートだった。当時は逆にプノンペンから国境を越えて、ホーチミンを目指したのを思い出す。あれから十年以上の月日が流れた。ネットで調べると、この区間には複数のバス会社が参入したようだった。

前回は確か、キャピトル・ホテルというプノンペン市内の有名なゲストハウスで手配したバスで移動した。バスといっても、カンボジア国境まではミニバンのような小さなクルマだった。国境を越えたところで、ベトナムのバスに乗り換える二段階式の移動は、東南アジアでは珍しいスタイルではなかった。

空港から市内までのタクシーを吟味したときと同様、バスについてもネットの力を頼る。さほど距離はないとはいえ、臆病者としてはなるべく快適で、安全性の高いバス会社を選びたいのが本音だ。

メコンツアーという会社のバスが評判が良さそうだった。しっかり公式サイトが用意され、ウェブ上でも予約できるのを見て、僕はしばし逡巡した。

ネット予約は便利だが、実はナーバスになるきっかけが最近あった。年始にフィリピンを旅行したときのことだ。僕は各種支払いのほとんどをクレジットカードで済ませていた。ところが、帰国から一ヶ月後、予想していなかった事態が発生する。

クレジットカードの明細を見て、首を傾げた。明らかに自分とは無関係と思える請求内容が記載されていたのだ。それも一件や二件ではない。一件ごとの請求金額は数千円程度だが、トータルすると十万円近い額になった。

慌ててカード会社に電話をすると、どうやらスキミングの被害に遭ったのだと分かった。確証こそないものの、直近の自分の行動を顧みるに、フィリピン旅行の際にやられたとしか思えなかった。

メコンツアーが特別疑わしいというわけではない。けれど、同じく東南アジアの国で被害を受けたばかりの身としては、警戒してしまうのも仕方がないと言えた。ネット予約だと、クレジットカードの情報を入力しなければならない。いささか面倒だが、僕は旅行会社のオフィスでチケットを買うことにしたのだった。

とはいえ、デタム通りに滞在している限り、バスの手配なんて楽勝だ。安宿街らしくそこらじゅうに旅行会社のオフィスがあり、カンボジア行きのバスの広告もあちこちに出ている。

お願いしたのはTNKトラベルという旅行会社だった。以前にメコンデルタ日帰りツアーに参加して、なかなか好印象だったのを覚えていた。日本人向けに日本語対応が可能な支店もあるらしいが、バスのチケットを買うだけなので普通に窓口で英語で訊いてみた。提示された料金表を見てみると、事前にメコンツアーの公式サイトでチェックした金額と大差ないので、ここで申し込むことにしたのだった。

「色々バスの種類がありますけど、何が違うんですか？」

念のため、そんな質問もぶつけてみた。

「料金が高い方がグレードが上です。ただ、そんなに大きな違いはないですよ」

ふむふむ。ざっくばらんな回答だが、結局良く分からないという結論に達した。

メコンツアーは料金表の中でも一番高額だった。十三ドル。米ドル払いだ。かつての自分ならきっと一番安い会社を選んだだろうが、オジサン化したいまとなっては、十三ドルぐらいなら目くじらを立てるほど高額とは思えなかった。

そんなわけで、今日はカンボジア行きのバスに乗ることになっていた。集合場所に指定されたのはTNKトラベルのオフィス前で、到着すると、どこに隠れていたんだろうというぐらい日本人ばかりで驚かされた。

ただ、彼らはみんなツアーに参加する客のようだった。スタッフに誘導され、次々とツアーバスへ乗り込んでいる彼らを横目に、一人店の隅っこで待機する。

やってきたのは、小さな乗用車だった。あれ、バスではないのか、と訝りながらも言われた通り乗り込むと、五分も走らないうちに降りるように指示される。デタム通りからは目と鼻の先のファングーラオ通り——その路肩沿いに大きなバスが何台か停まっていた。送迎に来てくれたというわけだ。知っていたら、歩いて行っただろうなあ。まあ、せっかくのサービスなのでありがたく享受すべきか。

案内されたバスの外観を目にして、僕は既視感を覚えた。

——あれ？

中に乗り込んでみて、その正体を悟った。日本のバスなのだ。それも、空港へ行くときにたまに利用するエアポートリムジンとまったく同じバスだった。中古品として海を渡り、こうしていまはベトナムの道路を走っているのかもしれない。

エアポートリムジンでは、シートポケットに飛行機の機内誌に似せた冊子が挟まれているが、当然のようにそんなものは用意されていなかったので、カバンからiPadを取り出し収納した。移動の暇つぶしに読書でもしようという魂胆だ。手当たり次第に購入し、ダウンロードしてある電子書籍がたっぷり入っている。

各旅行会社が同じようにバスまで送迎しているのか、散発的に乗客が集まってくる。僕の隣の席には白人の女性が座った。女子三人組だが、二席ずつのレイアウトなので一人だけはみ出てしまう格好になったようだった。

すぐ前の座席に座った二人の女性と、背もたれ越しにしゃべっている。英語ではないし、聞き慣れない言葉だった。どこの国の人なのだろうか？　興味本位で訊ねてみたいが、そんな勇気もない小心者なのでiPadを立ち

既視感を覚える車内。トイレには日本語の表示も残っていた。

上げ、一人の世界に没入したのだった。

出発直前には、ペットボトルの水と、お茶菓子のようなものが配られた。最も高い料金を取るだけのことはある。そういえばチェンマイで乗ったバスも至れりつくせりだったなあ。東南アジアでバスの旅と聞くと、かつてのイメージから苦行を想像しがちだが、案外そうでもないらしいと僕は自分の浅はかな考えを改めた。

配給品を配りに来た女性が、どうやらガイドの役割を兼ねているようで、バスが走り始めるとマイクで色々と案内アナウンスを始めた。国境を通過するときの段取りやら、途中で食事休憩をすることなど、丁寧な説明で分かりやすい。

最初に英語、続いてベトナム語、さらにはカンボジア語（クメール語）と三ヶ国語を駆使する女性の才媛ぶりに舌を巻く。しかもモデルのような、スラッとした美人さんだった。美女ガイドと行く国境越えツアーも悪くない。いや、全然悪くない。

車内にはなんとＷｉ－Ｆｉも入っているという。隣の白人女性が、美女ガイドさんにパスワードを訊いていたので、僕も便乗する。Ｗｉ－Ｆｉ自体は繋がったが、ネットへの接続が切れていて結局使えなかった。ちょっぴり残念。でも、まだベトナムの携帯圏内なので、スマホはオンラインだ。

地図を起動すると、現在地がリアルタイムで表示される。バスはホーチミン市内から西へ、西へと進んでいるようだった。カンボジアとの国境付近の地図を拡大すると、いま走っている道がそのまま国をまたいでカンボジアまで続いていることも分かった。

ホーチミンの都会然とした街並みは徐々にフェードアウトし、樹木が茂った郊外の幹線道路に変わっていく。あれほどいた大量のバイクも目に見えて少なくなった。

陸路の旅は、空路にはない魅力がある。車窓を流れる景色に見惚れる時間は貴重なものだ。エアラインパスでの周遊旅行とはいえ、こうしてところどころに陸路の移動を組み込むと、変化があって新鮮でいいなあと思った。

陸路で移動するには時間がかかる区間や、インフラが整っておらず移動に難儀する区間などを空路でびゅんと飛ぶ。逆にバスがひっきりなしに行き来するような、比較的楽な区間は陸路を選ぶ。臨機応変に取捨選択し、旅の幅を広げられるエアラインパスの柔軟性は、僕のようなワガママな旅行者には向いている。

苦行はお断りなのだ。楽しくないと旅ではない、という考え方で臨むと、国境越えといえども旅のアトラクションの一つとして捉えたくなる。楽チンなのは大歓迎。なんら苦労をせずに、国をまたぐダイナミックさだけは謳歌する。

ホーチミン〜プノンペンのこの移動は、まさにそんなヘタレ旅行者にはうってつけと言えそうだった。国境に近づくと、美女ガイドさんがパスポートを回収しにやってきた。出国手続きは各自ではなく、ガイドさんがまとめて処理してくれるらしい。僕たちは言われるがままボケーッと付いていくだけ。

国境ではバスを降り、乗客たちはイミグレーションのブース前で待機する。スタンプが押されたパスポートの名前をガイドさんが一人ずつ読み上げ、呼ばれた人がそれを取りに行く。欧米人の旅行者は名前に加えて、国籍も読み上げられていた。似た名前が多いからだろうか。お陰で、僕の隣の席の女性がフィンランド人だという事実も判明した。

カンボジア側の入国審査も同様で、ガイドさんがすべてを代わりにやってくれた。カンボジアはいまどき珍しいことに、ビザが必要だ。国境で取得できるものの、トラブルも多いと聞く。内心警戒していたのだが、ビザの取得作業もガイドさんが代行してくれたので、スムーズに事が運んだ。

あまりのイージーさに拍子抜けしてしまうほどだった。これまで色んな国境を越えてきたが、最も緊張感のない国境越えと言えるかもしれない。

初めて通る国境ではないせいか、その進化には密かに感じ入るものがあった。

かつて自分がここを通過したときの記憶を手繰《たぐ》る。砂埃が舞う未舗装の道路に、簡素な建物が立っていた。大荷物を頭の上に乗せて、徒歩で国を越えていく人たち。国境というよりは辺境という感じで、牧歌的な世界が広がっていた。

それも最早昔話と言えそうだった。近代的な建物が立ち、ピカピカの自動車が順番待ちしている、突っ込みどころのなさそうな現在の国境の光景からは、当時の情景が想像すらつかない。完全に別世界なのだ。

流れ作業で呆気なく国が変わった。そのせいか、なかなか実感が湧いてこなかった。国境を離れるとスマホの表示が圏外になったのを見て、もうベトナムではないのだなあと悟った次第。ドラスティックに激動する時代の中で、世界がどんどん狭くなっていく。旅をしていると、そのことを如実に知らしめられるのだった。

ドライブインのような店でランチ休憩となった。スープ麺を注文したら、八千リエルだと言う。またしても通貨の桁が多くて混乱させられる。カンボジアのリエルは持っていないので、ベトナムドンで支払った。四万ドンだった。きっと割高であろうこの手の店でも、ホーチミンで食べたフォーより安い。物価の違いをダイレクトに感じられるのも国境越えの副作用だ。

途中でバスはメコン川を渡った。数日前にラオスでボート下りをした大河は、遥々《はるばる》カンボジアまで続いていた。車両ごと船に乗り込んで、対岸へ運ばれる。バスから降りて生ぬるい風を浴びながら、雄大な川を眺めていると、「ああ、旅してるなあ」と気分が俄然盛り上がるのだった。

近くで巨大な橋を建設しているのが見て取れた。あの橋が完成したら、こうして渡し船を使うこともなくなるのだろう。それはそれで寂しい気もするが、嘆くのは旅行者のエゴにすぎない。もうこれっきりかもしれない船旅の風情に浸りながら、節操なく写真をパチパチ撮って、記憶に加え記録として留めておくことにする。

プノンペンが近づいてくると、美女ガイドさんがマイクで説明を始めた。バスはハンドレッド・イレブン・ストリートに着くという。ハンドレッド・イレブン——111か。

プノンペンは通り名の多くが数字で表されることは知っていた。111はどのあたりだろうか。ネットが繋がらないので調べようがなかった。

渡し船には物売りの姿も。橋ができたら彼らはどうするのだろう。

第五章　カンボジア

(12) 日本からの来訪者

バスが到着した111ストリートは、目の前が市場になっていた。オルセイマーケットというらしい。プノンペンへ来るのは二度目だが、前回の訪問からもう十年以上の月日が流れている。記憶は朧気《おぼろげ》だし、土地勘がないから、自分がどこにいるのか分からずあたりをキョロキョロしてしまう。

「トゥクトゥク?」

降りた瞬間、即座に四方八方から声がかかった。僕たちの到着を待ち構えていたらしき客引きにまんまと捕獲される格好となる。

首からぶら下げているスタッフ証のようなプラカードをこれ見よがしに提示して、自分はメコンツアーの提携ドライバーだと客引きはアピールしてくる。怪しいものではありません、と言いたいのだろうが、僕にはむしろ白々しく見えるのだった。

ただ、一方で内心懐かしさに浸っている自分も自覚していた。考えたらここまでの道中、タイ、ラオス、ベトナムではこれほど熱心な客引きには出会わなかった。鬱陶しい存在とはいえ、相手にされないとそれはそれで寂しさも募るものだ。マゾ気質なのだろうか。アジアを旅していると、良くも悪くも旅人は刺激を求めるようになってくる。

執拗な客引きに敬意を表し、僕はホテルの名前を告げた。

「うーん遠いな。五ドルでどう？」

案の定という感じの答えが返ってきた。現在地がどこかもよく分かっていないだけに、遠いと言われても反論しようがない。けれどここで怯んでは向こうの思うつぼだ。

「いや、近いでしょう。五ドルは高すぎるよ。二ドルでどう？」

何の根拠もないけれど、僕は近いと言い切った。遠いか近いかなんて主観にすぎないし、こういう状況では言った者勝ちである。

客引きは渋ったが、交渉の末結局三ドルで話はまとまった。まずまずの着地点とほくそ笑んだが、相場が分からないのでぼられたとしても判断はできない。

実はプノンペンのホテルは事前にネットで予約を済ませていた。一泊六十二ドル。この街の相場からするとややお高めで、この旅始まって以来最も贅沢な部屋と言えた。

トゥクトゥクに連れられ到着したホテルは、外観からして目をみはるものがあった。白亜の高層建築。通りに面した一階のレセプションは大きなガラス張りで、中へ入るとオシャレなソファが設えられていた。都会的なセンスに溢れた、最新のデザイナーズ・ホテルだ。

コストパフォーマンス重視で宿を渡り歩いてきた旅人としては、昨日までとはまるで異なるハイクラスぶりにどぎまぎしてしまう。スタッフはみなとても若い。せいぜい学生ぐらいにしか見えないあどけなさが表情から窺えるが、対応はしっかりしていて、英語も淀みなく話す。

脳裏を過ったのは、カンボジアの切なくなるような近代史だった。いまでこそ平和を謳歌しているかのように見えるが、十数年前までは泥沼の内戦状態にあったことを忘れてはならない。ポルポトによる弾圧で、途方もない犠牲を払ったこの国では、人口比率における若年層の割合が極端に高いと聞く。ホテルで働くスタッフが若者ばかりなのは、きっとそういうことなのだろう。そういえば、以前にアンコールワットを見に行った際にも、同様の印象を抱いたのを思い出した。

高齢化が進む我が国とは違い、若いエネルギーが国の急激な成長を牽引する源になっている。誤解を恐れずに言えば、僕は羨ましい気持ちにもなったのだった。

「明日の朝、妻がやってきます」

ツインの部屋を予約していたので、こちらの事情を包み隠さずスタッフに伝えた。すると、空港まで迎えに行くならクルマを手配してくれるという。きめ細かい対応に感謝し、僕は迎えに出る時間を告げ、クルマを用意してもらうことにした。

自然と頰がにやついてしまうほど素敵な部屋だった。まだできたばかりらしく、壁や天井、ベッド、調度品にいたるまで何もかもが真新しい。おまけに広々としたテラスまで備え付けられていて、外へ出るとプノンペンの街並みが眼下に望めるのもとにかく素晴らしい。

　テラスから街を見下ろすと、相変わらず道路にはひっきりなしにクルマやバイクが行き交い、クラクションの音がけたたましく鳴り響いている。目と鼻の先に展開される街の混沌ぶりとは裏腹に、部屋は静かで非常に落ち着ける。騒がしい街ではこうして安息できる空間を確保すると、ありがたみもひとしおなのであった。

　何はともあれ、まずは両替、そしてSIMカードも入手したい。最早恒例となったミッションをやり遂げるべく、僕は安息の空間から混沌とした世界へ突入した。

　いわゆる安宿街ではない普通のエリアに泊まっていた。今朝までいたホーチミンのデタム通りでは、探し物があれば二〜三分も歩けば簡単に見つかった。対してここでは旅行者に特化した便利なあれこれが集ま

都会化が進むプノンペン。交通量も明らかに増えた気がする。浦島太郎気分で街歩き。

っているわけではないので、無闇矢鱈と歩いても途方に暮れる。

両替店がなかなか見つからなかった。なんとかバンクと書かれた銀行らしき看板を見かけたので中へ入ろうとしたら、警備員に呼び止められ、今日はもうクローズだとたしなめられる。

「両替したいんですけど、どこでできますか？」

我ながら間の抜けた質問だが、その警備員は親切に教えてくれた。

言われた通りに歩いて行くと、小さな両替店があった。中へ入り、掲示されているレートをチェックする。

――あれ？

日本円との両替レートを見る。一ドル＝百九円と書かれていた。ここはカンボジアである。通貨はドルではなく、リエルのはずだが……。窓口で聞いてみると、リエルにもできるというが、そう答えるお姉さんはなぜか怪訝な表情を浮かべていた。

あっ！　もしかして――。

僕はピンとくるものがあった。両替はせずに店を後にし、近くのＡＴＭでお金を下ろすことにした。カードを入れ、暗証番号を打ち込み、金額を選ぶ画面を見て、「やはり！」と膝を打った。

ＡＴＭの金額表示もドルになっていた。こちらはリエルを選択することすらできないようだ。謎は解けた。そう、この国ではドルが通用するのだ。いちおう通貨はリエルということになっているが、それは最早建前なのだろう。実質的にはリエルよりもドルが幅を利かせているというわけだ。

発展途上国を旅していると、しばしばこういう現象に直面する。とくにインフレが激しく、自国通貨の信頼性に疑問符が付くような国では日常的な光景と言える。ドルならば、両替せずともいくらか持っている。僕はリエルの入手はあきらめ、続いてＳＩＭカードを手に入れるべく携帯屋さんに向かった。

携帯屋さんはちょうど店じまいをしているところだった。帰り支度を整え終わったばかりと思しき、若い店員さんを呼び止める形となったが、嫌な顔をせずに応じてくれた。なんだか申し訳ないが、ほかにアテもないので図々しく設定までお願いする。

カード自体は三ドルで、データ通信二ギガバイト分をチャージするのに五ドル必要だと言う。やはりリエルではなく、ドル払いだ。考えたら、到着したときに乗ったトゥクトゥクも最初からドルで金額を提示された。うーん、不思議な感覚だ。

今日は一日かけて移動して、プノンペンへ到着したのが夕方だった。安宿街のようなところであれば夜も営業していたりするが、ここは普通の街なので、そういうわけにもいかない。

ぎりぎりの駆け込みで、ミッションを無事達成したのだった。

ただ、やるべきことはまだあった。後回しにしていた連載原稿の〆切りがいよいよ迫っていた。明日には日本から奥さんが来るし、今日のうちに片付けておきたい。

両替屋さんを探して右往左往しているときに見つけた、「ブラウン」という小綺麗なカフェへ行ってみた。カンボジア版スターバックスとでも言えそうな、洋風のオシャレな店内にはジャズが流れていて、当然のようにエアコン、そしてＷｉ－Ｆｉも入っている。仕事の打ち合わせらしきグループや、パソコンを広げパチパチとキーボードを打ちながら作業をしている客も多い。

最近は旅先で仕事をする機会が増えた。そのこと自体は最早やむを得ないとあきらめているが、一方で外での仕事に慣れすぎたせいか、日本にいるときも一ヶ所に腰を落ち着けて原稿を書くのに抵抗を覚えるようになってしまった。家の中に引き籠もって作業していると、気持ちがどんよりしてくる。気晴らしを兼ね、パソコンを持って近所のカフェに入り浸るのだが、その方がむしろ集中して取り組めたりするのだ。

考えたら、やっていることは最初の旅から変わっていない。あの当時も、趣味のホームページで旅日記を公開していて、旅先で原稿を書き続けていたのだ。もう十年以上にもなるのか。まるで成長していないというか、我ながらよく飽きもせず書いているよなあと遠い目になる。

キャッシュオン方式の店だったが、コーヒーを頼んだら席まで持ってきてくれるという。ここも店員はみんな驚くほどに若者ばかりだった。まだ高校生ぐらいにしか見えない、あどけない顔の女性店員がコーヒーを持ってきてくれた。

それを口にして、僕はギョッとした。なんと、甘くない！

タイ、ラオス、ベトナムと旅してきて、各地で毎日のようにコーヒーを飲んできたが、甘くないコーヒーは初めてだった。スタバ風の、周囲でも割とハイソな雰囲気の店だから、アジアの流儀には倣《なら》っていないのだろうか。

日本では僕はブラックしか飲まないが、アジアの旅では甘いコーヒーが標準である。そ

旅行中のお仕事はiPad miniと、そのカバーにもなるキーボードで。

れゆえ、無意識のうちに甘さを欲する体になってしまったらしい。僕は砂糖をどばどば入れた。甘すぎるぐらいの甘さがいまは愛おしいのだった。

翌朝は指定した通りの時間に、律儀にクルマが迎えにきてくれた。まだ朝は早い。空港へ向かう道路は混雑していた。通勤・通学の時間に重なったのか、ところどころで渋滞に捕まり、なかなか先へ進まずやきもきさせられる。

出迎える側が遅刻したら格好がつかない。時間に余裕を見たつもりでいたが、結構ぎりぎりの到着になってしまった。

——こんなにクルマが多かったっけ？

そんな疑問も脳裏を過った。再訪となる街では、つい以前に来たときの記憶と比較してしまう。当時も首都らしくそれなりに交通量はあったが、それでも隣国のタイやベトナムよりはずっとのどかな印象だった。アジアの都市は大変貌を遂げているが、プノンペンも例外ではないようだ。

街のいたるところで工事現場を目にした。次々と新しいビルが建ち、街の景観が様変わりしていく。プノンペンの空港も、まさに絶賛工事中という感じだった。ところどころ幌がかけられ、いま作ってますという雰囲気。近日中のオープンを予告する、レストランの工事現場の広告には見慣れたロゴも躍っていた。

「ＹＯＳＨＩＮＯＹＡ」

と橙色の文字で書かれ、その横に輝くような丼のアイコン。

そう、牛丼の吉野家である。

アジアの国々では日本食が空前のブームで、吉野家のような有名チェーンの現地支店は案外少なくない。しかし、空港内にまで進出しているのは初めて目にした。

しかもあのカンボジア、である。東南アジアの中でも、一際貧しい国というイメージが僕の中に根づいていた。単なる偏見なのかもしれないが、初めての世界一周で訪れた当時目にした光景がそれほどまでに衝撃的だった。

未舗装の道路はあちこち陥没し、年代物の古びたバイクが黒煙と、砂埃を撒き散らしながら走っていた。移動するのに乗ったバスは、バスとは名ばかりのトラックで、その荷台で幅十センチもないヘリに腰掛け、振り落とされないようにビクビクするような旅だった。道を歩けば物乞いに手を差し出されたし、内戦で失ったのか手のない物乞いも珍しくなかった。

自分の考えを改めた方が良さそうだ。懐古的な気持ちに浸り勝手なことをぶつくさつぶやくのは、部外者である僕のような旅行者だけのようだ。向き合うべきは、現在進行形のいまのプノンペン、カンボジアである。

空港内にはバーガーキングの店舗もあった。その店のテラスの植え込みで、ササッと何かが動いた。なんだろうかと目を遣ると、子猫が丸くなっていた。しかも二匹もいる。毛の色味が似ているし、兄弟猫なのかもしれない。

心がスッと軽くなるような光景だった。やはりアジアなのだ。そうは言っても、アジアなのだ。どんなに見た目が近代化しようとも、根本的な部分ではどこかゆるゆるしている。隙が残っているというか、突っ込みどころがちゃんとあるというか。そんなアジアが恋しくて、僕は足繁く通ってきた。

うーん、今回の旅行記は独白がやたら多いな。でも、ここからしばらくはきっと鳴りを潜めるはずだ。一人旅に束の間の終止符を打つ瞬間が迫ってきたのだ。アライバルゲートの最前列で、僕はいまかいまかと奥さんの到着を待ちわびていた。

プノンペンの空港では、到着便の一覧が掲示されるフライトボードがなぜか用意されていなかった。普通はボード上に「Arrive」だとか、「Delay」などと表示されるものだが……。何も案内がないので、予定時刻を過ぎても飛行機が無事着いたのかどうかがさっぱり分からない。

羽田を発ち、バンコクで乗り換えてここプノンペンへやってくる手はずになっていた。タイ国際航空の便なので、乗客はタイ人も多いはずだが、ゲートからはそれらしき乗客は一向に現れない。

目印となりそうなのは、荷物のタグだ。ところが、お馴染みのスターアライアンスのオレンジ色のタグが付いたカバンを持った乗客は出てこない。入国審査などで時間がかかっているのだろうか。そもそも、ちゃんと定刻通り飛んだのだろうか——。

フライト状況がリアルタイムで検索できるアプリがあるのを思い出し、スマホを取り出し調べようとしたときだった。ゲート越しに建物の中を覗いて、僕は発見した。ぞろぞろ続く人波にもかかわらず、自然と一発で分かってしまった。

手を大きく振って、アピールする。向こうもこちらに気が付いたようで、手を振り返してきた。待ち人来《きた》る——。

「うわあ、やっぱりアツイねえ〜」

奥さんの第一声だった。十日ぶりの夫婦の再会、である。

日本を出発した日、彼女は羽田までクルマで送ってくれた。そうして今度はカンボジアで僕が出迎える形になった。

「ようこそ、カンボジアへ！」

なんだか気恥ずかしくなって、柄にもなく僕は陽気な声を上げた。

赤いリモワのスーツケースに、手には免税店のビニール袋とダウンジャケットという出で立ちの彼女を見て、どこか僕が知らない遠い世界からやって来たような錯覚を抱いた。考えたら日本人と日本語で会話をすること自体、随分久しぶりだ。

　待たせていたタクシーに案内し、車内で積もる話に花を咲かせる。

「出発直前に写真がないことに気が付いて大変だったんだよ！　飛行機乗る前に呼び出しも食らったし……」

　パスポートにカンボジアのビザがないせいで、搭乗手続きの際に一悶着あったのだという。ビザは到着時に取れるとはいっても、航空会社としては万が一入国できなかったら責任を負わなければならなくなる。

「たぶん調べたんだと思うけど、ビザ用の写真は持ってますか？　と訊かれて。本当は持

異国で再会の瞬間。待つよりも来る方が気楽でいいなあ、なんて。

ってなかったんだけど、ハイッて答えたりして……」

「ええっ、写真はどうしたの？」

「慌ててスマホで自分の写真を撮って、空港のコンビニでプリントアウトしてきた。通りすがりの人にシャッターを押してもらったんだけど、恥ずかしかったなあ」

いやはや、いやはや。よっぽどバタバタしたのだろう。到着して早々のトラブル談義に、相変わらずだなあと目を細めた。夫婦揃ってどこか抜けているのは、十年前から一貫している。アジアは変われども、僕たちは変わらないのであった。

いよいよ始まった二人旅。まずはどこへ行こうかとワクワクしながら相談したら、予期せぬ答えが返ってきた。

「わたし、マッサージに行ってもいい？　夜行便で疲れちゃったし」

ズコッとずっこけそうになる。偶然にも泊まっているホテルの目の前がマッサージ屋さんになっていて、到着早々奥さんはその店に突入していった。僕はあまりマッサージ気分でもないのでパス。一時間後に待ち合わせることにして、いきなり別行動になった。ペースを乱された夫はふて腐れるが、まあいつものことだ。

旅先で現地合流――我が家では夫婦揃って旅漬けの日々を送っているせいか、しばしばそんな作戦を実行に移す。普段飽きるほどに見慣れた顔も、異国の地で再会すると新鮮味があっていい。ダレがちな旅の日々にもメリハリがつく。

日本から一緒に出発して、帰りも同じ飛行機という形で旅をしたとしても、現地では別行動の時間を設ける。だから、こういうのも慣れっこではあるのだが……。

ちなみにマッサージ店の料金は、一時間九ドルだった。タイあたりと比べると、やや割高な印象も受けるが、タイのようにそこらじゅうにマッサージ店があるわけでもないので、特別なサービスという位置付けなのかもしれない。

手持ち無沙汰になったので、この隙に洗濯物を出そうと僕はランドリーを探した。ビエンチャン以来、衣類を洗っていない。そろそろ着るものがなくなっていた。

幸いにも「LAUNDRY」の看板を掲げる店がすぐに見つかったが、訊いてみると仕上がりまでに二日もかかるというので断念した。

仕方ないので、ホテルのクリーニングサービスに出すことにする。街の洗濯屋さんのように、重さでいくら、というシステムではなく、一つ当たり五十セントの料金がかかる。複数の衣類を出すと結構高くつくが、今日の夜にはもうできるとスタッフが胸を張るので、お願いしたのだった。

マッサージ店から奥さんが戻ってきて、ようやく出発することになった。昨日は夕方の到着だったせいで、僕自身もまだ街をほとんど見ていない。なんとはなしにブラブラ歩いて行く。奥さんも写真が好きで、各自がパチパチ写真を撮りながら街を散策するのが我が家のいつものスタイルだ。

フッと振り向くと、彼女は何やら熱心に写真を撮っていた。小さな自動車工場の前に積まれたタイヤが被写体のようだった。良く言えばダイナミック、見方によっては大雑把とも言えそうなタイヤの積み具合に触発されたらしい。確かに日本では目にしないだろう、なかなかユニークな光景だった。

日本から来たばかりだけに、きっと見るモノすべてが新鮮なのだろう。こういう些細な光景に興をそそられるのが、海外旅行の醍醐味である。

僕は内心、反省してしまった。昨日もここを通ったはずだが、すっかり見落としていたのだ。ずっと旅をしてきた者と、旅が始まって間もない者では、見える景色が違ってくる。悔しいけれど、認めざるを得ないことだった。

旅は長くなればなるほど日常化していく。最初のうちこそ驚きの連続だが、慣れとは怖いもので、どうしても次第に感動が薄れてしまうのは避けられない。

長く旅できるのに越したことはないものの、長すぎる旅は好奇心が摩耗してしまうという欠点も内包しているのだ。

――そろそろこの旅も潮時かな。

日本からの訪問者に、旅の終わりを意識させられる。そういう意味では、彼女の来訪はいいタイミングだったと言えるかもしれない。カンボジアが、この少しだけ長い旅の最後のハイライトになりそうな予感がじわじわと芽生えてきたのだった。

（13）観光はしない観光客

東南アジアを周遊しようと思い立ったときから、実は自分の中ではプノンペンへの訪問はマスト事項だった。奥さんとの合流地点がこの街になったのにも、大きな理由があった。

話はまたしても十年前の世界一周旅行に遡る。

六百七日に及ぶ長い旅も終盤に近づいた頃のことだ。僕たちはアメリカから南下し、中米メキシコ、そして南米ペルーへと旅を続けていったのだが、その途中で一人の日本人旅行者と行動を共にすることになった。僕たちは彼のことをアキちゃんと呼んでいるので、この原稿でもそのままアキちゃんと書く。

とりわけ思い出深いのがペルーで一緒に旅したことだ。首都リマから入った僕たちは、三人でバスに乗ってナスカを目指した。一緒にセスナに乗って、有名な地上絵を見たりしたが、来る途中のバスで僕はパソコンを盗まれるという、我が旅史上最も痛恨と言うべき大きなアクシデントに遭った。夫婦二人だけだったら、いつまでもどんより落ち込んでいたであろうそんなときに、励ましてくれたのがアキちゃんだった。

その後、インカ帝国の失われた空中都市として名高いマチュピチュへ行ったときにも彼は同行していて、マチュピチュの全景が望める急峻な山へも一緒に登った。

彼はその旅を終えた後に、日本で結婚することが決まっていた。独身時代のフィナーレを飾る南米旅行だったのだ。アンデスの高地で高山病に悩まされたり、ボリビアでストライキに直面したりと、僕たちと別れた後も彼はハードな旅を続けていく。彼の話は僕たちの処女作『世界一周デート』でも少し紹介している。

日本へ戻った後、アキちゃんは予定通り結婚をして、東京から岐阜県の郡上市へ引っ越した。東京の新宿生まれという、根っからの都会っ子ながら、彼は岐阜の山でなんと林業の仕事を始めたのだった。激動の人生である。

そして、僕たちは世界一周から帰国後、彼を訪ねて郡上へ足を運ぶことになる。昔ながらの古い街並みが残る、いわゆる小京都だ。透き通った水と、「徹夜おどり」という夜通し催される伝統の盆踊りで知られるが、何より自然の美しさに僕は一発で魅了された。こんな素敵な土地で暮らすアキちゃんを心底羨ましいと思った。

それから僕たちの郡上通いが始まった。訪問回数はもはや数え切れない。足繁く彼の地へ通ううちに、顔馴染みも増えてきて、ますます居心地が良くなってきた。都会でのやさぐれた日々に嫌気がさすと、癒しを求めて岐阜の山中へと車を走らせた。というより、いまも毎年欠かさず訪れている。第二の故郷と言ってもいい。

プノンペンを訪問した理由を書こうとしたら、南米、そして岐阜県の話になった。一体ここからどう繋がるのか。僕たちも最初に聞いたときには驚いた。アキちゃんの激動の人生は急展開を迎え、予想だにしない方向へ進んでいく。

彼はいま、ここプノンペンに住んでいるのだ。林業はやめ、奥さんとも離婚をした。身一つでカンボジアへ渡り、カフェを開いた。

ただのカフェではない。アクアリウム・カフェだという。彼の郡上の家へ行くと、巨大な水槽が出迎えてくれるのも僕たちの密かな楽しみの一つだった。アキちゃんは趣味で熱帯魚を飼っていたのだ。だからアクアリウム・カフェと聞いて、そのこと自体には腑に落ちるものはあったのだが、なぜプノンペンなのか——。

カンボジア行きを決めた僕は、アキちゃんに連絡を取った。買い付けで周辺諸国へ出張に出ることも多いというので、彼がプノンペンにいるタイミングに狙いを合わせて旅のスケジュールを計画した。

「アキさんのところへ行くなら、自分もご一緒してもいいですか？」

話に乗ってきたのは、うちの奥さんだけではなかった。僕たちの旅仲間の一人、チュンくんが便乗したいという。彼もメキシコでアキちゃんと一緒だった。チュンくんも近頃は郡上へよく顔を出しており、お互い気心の知れた間柄だ。

説明がいささか長くなった。要するに、僕たちは友人に会いにプノンペンへやってきたというわけだ。僕にとっては付き合いの長い、大切な友人の一人である。

奥さんと合流した日の夕方頃、チュンくんもプノンペンへ到着した。彼も東京でサラリーマンをしており、週末海外での短期旅行だ。僕たちと同じホテルに部屋を取ったらしく、フロントで彼と落ち合った。

「いやあ、アツイですね」

顔を合わせるなり、奥さんと同じような台詞を彼もつぶやいた。極寒の日本からやってくると、やはり東南アジアの暑さは格別ということか。

チュンくんも僕の本に割と頻繁に登場する。いわばレギュラーメンバーの一人だ。僕たちがかつて世界一周旅行中に知り合った旅仲間の中でも、彼は恐らくいまも最も積極的に旅へ出かけている。今回のように現地で合流して行動を共にしたことも数多く、久々に会ったとはいえ、まったく違和感もなく溶け込んでいるのはさすがだ。

ここに来て登場人物がグッと増えた。奥さん、チュンくん、そしてこれからアキちゃんに会いに行く。昨日までの寂しい一人旅から一転、急に賑やかな様相を呈してきたのだった。

アキちゃんのアクアリウム・カフェは、バンケンコン・エリアに位置していた。泊まっているホテルからは歩いて五分程度と、とても近い。というより、彼の店の近くに宿を確保したのが真相だったりする。

奥さんが持ってきたガイドブックによると、このあたりは近年オシャレな店が続々とオープンし、外国人の在住者も多い。プノンペンでもいま最も注目のエリアだと書いてある。表通りの喧噪とは裏腹に、樹木が生い茂り、閑静な住宅街という感じだ。

「このへんって、きっと家賃も高いよねえ。さすが、アキちゃんだねえ」

そんな下世話な会話をしながら歩いて行くと、発見した。さっそく中へ入り——、

「す、す、すごいね！」

そんなシンプルな感想が一同から発せられる。ウッディで暖かみを感じさせる素敵な店だった。天井には竹瓦がデコレーションされるなど、自然を愛するアキちゃんらしいこだわりが随所に見られる。

そして、そこかしこに飾られた水槽の

南米から岐阜を経て、プノンペンへ。旅仲間たちとの交流はいつまでも大切にしたい。

数々。中には色とりどりの魚が泳ぎ、水草が揺らめいている。照明を落とし気味にした室内で、ライティングされた水槽が強い存在感を放っている。まるで動く絵画のようで息を呑んだ。

「いらっしゃい！　おお、久しぶり！」

奥からアキちゃんが現れた。パッと見、随分精悍な顔つきになったように感じられる。郡上にいた頃にはかけていなかった眼鏡姿も新鮮だ。

「アキちゃん、少し痩せたんじゃない？」

奥さんがすかさずツッコミを入れる。いかにも山仕事をしていますといった雰囲気の、いい意味でふっくらしていた体つきも、幾分スマートになっていた。

「みんな驚いて帰っていくんだよ。変わったねえって」

そう言いながら、トランクを広げ何やら作業をしている。彼はベトナムまで買い付けに出かけ、つい先ほど帰ってきたばかりだという。昨日ホーチミンからこの街に辿り着いた僕とは、行き違いになったようだった。

トランクの中身は、熱帯魚や水槽用の周辺機器など。カフェとしての営業に加え、最近は熱帯魚入りの水槽をお客さんにまるまる卸し、ディスプレイから保守・点検まで行うビジネスにも力を入れているのだという。

「出入り業者みたいな感じだね。お客さんから急に電話がかかってきて、呼び出されたりして、結構大変で……」

自宅に熱帯魚の水槽を飾るぐらいだから、お得意先は富裕層なのだろう。なにせカンボジアである。こういう途上国の富裕層というのは、我々の感覚とはスケールが違う。アキちゃんのお客さんの中には政治家などもいるというから、気苦労も多そうだ。

「万が一水槽が水漏れとかしたら、大変なことになるからねえ。正直、身の危険を感じることもあるよ」

そう言って笑うが、冗談では済まされない世界だろうなあと想像するに難くない。

アキちゃんはカンボジアでも色々と武勇伝を作り続けているようだった。たとえば、店で雇っている従業員の女の子がストーカーの被害に遭ったときのことだ。相手の男を公園に呼び出して決闘になったという。

「Tシャツの中にこうやって手を入れて、拳銃の形にして……。もちろん、そんなの持ってないんだけどね。そうしたら、相手もさすがにびびって逃げていったよ」

「……ええっ、アキさん、死なないでくださいね」

チュンくんが笑いながらも、一同の気持ちを代弁する。顔つきが以前にも増して精悍になったのは、修羅場をくぐり抜けてきたからなのだろう。外国で現地人スタッフを抱える、実業家の顔である。

ほかにも色々紹介したいところだが、ここには書けないような際どいエピソードのオンパレードで、アキちゃんもそれを気負いなく語るから、僕たちは感心させられたり、大爆笑したり、という感じで楽しい時間を過ごしたのだった。

剛胆なところがありつつも、根は真面目で正直者だから、人が集まるのだろう。談笑していると、我々と同じ年代と思しき日本人の男性がやってきた。すぐ近くでうどん屋さんを経営しているN師匠だと、アキちゃんから紹介される。

「カンボジアで、うどん屋さんですかあ」

チュンくんがいたく感心していた。彼は外国を旅しているときも日本食に目がない旅人で、早くも口がうどんを欲してしまったようだ。

「N師匠」と師匠呼ばわりなのは親しみを込めた冗談なのだろうが、アキちゃんにとってはプノンペンでの先輩であり、経営者仲間として同志のような存在らしい。

全然知らなかったが、いまプノンペンはちょっとした起業ブームなのだという。アキちゃんの店に置かれていた日本語の現地フリーペーパーをぱらぱらめくると、日本人が経営する飲食店などの広告がずらりと載っているほどだ。

「英語が通じるし、ドルで稼げるのも大きいよね」

なるほど、なるほど。アキちゃんの話に相づちを打つ。

バンコクでも何年か前から、日本からやってきて起業する若者たちが急増していた。一旗揚げるなら、いまは欧米ではなくアジアの時代ということなのだろう。既に飽和状態になっているバンコクと比べれば、プノンペンはまだまだ可能性が残された穴場と言えるのかもしれない。

「起業する人は増えてますね。うまくいかなくて日本に帰る人も多いですが」

ついつい興味本位であれこれ訊ねてしまう僕たちに、N師匠は丁寧に解説してくれる。会話をしながらも、手元にはなぜかゲーム機を握りしめている。モンハン（モンスターハンター）にはまっているのだという。まるで日本で友だちのうちで談笑しているかのような気負わない空気感が心地いい。人あたりが柔らかく、初対面ながら壁を感じさせない気さくな雰囲気のN師匠とアキちゃんは、なかなかいいコンビに見えた。

外国で起業すると聞くと、素敵だなあと憧れが募る。けれど、お気楽な海外旅行とはまったく別次元の世界だ。そんなに生やさしいものではないことは、僕にも少なからず想像できる。日本とはルールが違うし、その国ならではのビジネス上の習慣からも逃れられない。理不尽を強いられる局面も少なくないだろう。

アキちゃんもN師匠も、自分たちのことはサラリと話すが、きっと気苦労は計り知れないのだろうなあ。心からリスペクト。
僕も頑張らねば——勇気を分けてもらったのだった。

プノンペンには三泊もすることになった。この旅最長の滞在である。現地合流組の奥さんとチュンくんは二泊。日中はアキちゃんも仕事があるというので、僕たちだけでプノンペン市内を見て回った。

真っ先に目指したのは、セントラル・マーケットである。ここは個人的に、因縁浅からぬ市場で、懐かしくもあり、訪れるのが密かに怖くもあった。

「ケンカは禁止だからね」

奥さんにそうあらかじめ念を押したのは、かつて僕たちはここでやらかしてしまったからだ。我が家史上、最も強烈な夫婦喧嘩。妻の家出、いや宿出事件が勃発したのがここセントラル・マーケットなのだ。

結婚を機に、新婚旅行と称して日本を飛び出したその旅で、タイに続いて二番目の訪問国となったのがカンボジアだった。出発してからまだ一週間かそこらしか経っていないのに、あわや離婚か、というレベルの危機に見舞われた。

まあ、いまとなっては笑い話というか、こうして原稿のネタにしてしまうぐらいなのだが、当時は必死だった。いまさら書くのも恥ずかしさが募るが、きっかけはパンだ。

「パンが食べたい……」

「ほら、あそこにパンがあるよ。あれじゃだめなの？」

なぜかそんなやり取りから、導火線に火がついた。きっとお互い虫の居所が悪かったのだろう。旅を始めたばかりで、環境の変化に馴染めていなかったせいで、ストレスもたまっていたのかもしれない。

周りのカンボジア人も眉をひそめるような、盛大なバトルを繰り広げたマーケットだが、十数年ぶりに訪れて、あまり変わっていなかったのにはホッとした。建物はやや綺麗になり、最新のスマホやゲーム機など、陳列される商品ラインナップには多少の変化が見られるものの、特徴的な円形のドーム屋根は当時の記憶通りだ。

生鮮品の店が集まったコーナーへ行くと、買い物客がちらほらいるが、ほかの国々の市場で感じられるようなカオス的空間とはほど遠い、適度な活気と落ち着きが見られるのも変わらないと感じた。派手ではないが、寂しすぎでもない。やや間延びした空気が漂う、古き良きアジアという感じの市場は好感が持てる。

市場へ来ると、例によって撮影意欲が掻き立てられる。バシバシ撮っていても、カンボジアの人たちはあまり関心を示さないのもさりげなく居心地がいい。摘んできたばかりのような新鮮なマンゴーを売る店のおばちゃんは、暇そうにiPadを操作していた。マンゴーも気になるが、iPadの画面にも興味が湧く。何をしているのだろうかとコッソリ覗くと、予想通りゲームのようだった。

歩き疲れたら、食堂エリアの店で人心地つく。ライチ味のファンタが並べられているのを目ざとく見つけ、僕はいささか興奮気味にそれを指差して頼んだ。以前にカンボジアへ来たときに飲んで以来、ほかの国でも意識して探しているのだが、見かけたことがない。カンボジア限定の、ご当地モノなのだろうか。

小腹が減ったので、粉モノを売る屋台で一つ注文してみた。言葉はまったく通じないので、適当にお金を渡したら、スチロール皿に三つも載せて出してくれた。

たこ焼きを一回り大きくしたような丸っこい食べ物で、名前は分からない。最初はスイーツの一種と想像したが、口に入れて

スマホやタブレットは、市場で働く人たちの新たな暇つぶしツールとして定着した。

みると酒のつまみに良さそうな塩っ気のある味わいで、これがなかなか美味しい。

「うちの近所にも、こういう店が一軒でもあるといいんだけど」

そんな発言を口走ってしまう。タイのローティについても絶賛したが、この手のお気軽なスナック類は日本では限られる。平日に仕事をしていると、間食が欲しい瞬間が結構あって、仕方なくコンビニへ駆け込むのが常なのだ。コンビニはパッケージの菓子類は充実しているものの、きちんと調理されたできたてのスナックは期待できない。アジアの豊かな食事情を目の当たりにする度に、僕は羨ましさが募るのだった。

我が家限定で話題沸騰中のパンも売られていた。ラオスやベトナムで見かけたのと同様、フランス式のバゲットで、見た目のビジュアルからして食欲をそそられる。

「食べたいのはあんなパンじゃない！　って駄々をこねてたよね」

奥さんが意地悪く、昔話を蒸し返す。ぐ

まるでたこ焼き？　ビールが欲しくなる味だった。買い食い天国なのもアジアの魅力。

ぬぬぬぬと歯噛みするも、事実だから反論しようがなかった。

チュンくんのたっての希望で、キャピトルホテルへも行ってみた。

プノンペンでは恐らく最も有名なゲストハウスで、僕たちは宿泊こそしていないものの、ここでホーチミン行きのバスを申し込んだのを思い出す。

あちこちで再建ラッシュが続くプノンペンだけに、様変わりしているかもなあと覚悟しながら訪れたら、ほとんど当時のままで健在だった。一階はレストランになっていて、相変わらず暇そうなバックパッカーの憩いの場と化していた。

なんだか昔を懐かしんでばかりだなあ。

懐古ついでに、トゥクトゥクを捕まえてレイクサイドへも向かった。市内の北の外れにある大きな湖。その湖畔にはゲストハウスが集まり、キャピトルホテル周辺と並んでこの街の二大安宿街の一つとして知られていた。実は僕たちもかつての滞在で、レイクサイドのゲストハウスに泊まっていた。

夕暮れどき、湖に面したテラス席でビールを手にマッタリする。そんな輝かしい日々も、もう過去のものになってしまったらしい。レイクサイドは再開発の真っ最中だった。なんと、湖が埋め立てられてしまったのだ。

取り壊された建物が無残な姿をさらしていた。僕たちが泊まった宿はもちろん、宿出をした奥さんからのメールを受信した、個人的に因縁深いネットカフェも跡形もなかった。数軒のゲストハウスはいまもなお営業しており、外国人旅行者も散発的に見かけるものの、安宿街としての賑わいは風前の灯火という感じだ。

過去を振り返ってばかりはいられない。いまのプノンペンと向き合わねば、ということで僕たちはリバーサイドへ夕涼みに出かけた。レイクサイドと似ていて紛らわしいが、こちらは読んで字の如く川沿いのエリアだ。プノンペン随一の繁華街であり、ホテルやレストランに加え、ローカルなナイトマーケットが開かれる。

到着したときにはまだ照りつける陽射しが強く、歩いている人もほとんどいなかった川沿いの道が、日陰の長さが増すにつれ大勢の人々で賑わい始めた。暑い日中は静かに過ごし、日が暮れてから本気を出す。僕が愛してやまない東南アジアらしい光景が展開されていたのだった。

広場では百人ぐらいの大規模な集団が、大音量で音楽をかけエアロビクスをしている。僕も他人のことはとやかく言えないが、太った人が多い。インストラクターを見よう見真似で真剣にステップを踏む彼らに圧倒されながら歩を進めていくと、若者たちがセパタクローに熱中していた。足を使ったバドミントンのようなスポーツは、展開が早いし、動きもアクロバティックで、見ているだけでも楽しめる。

そのまま勢いでナイトマーケットへも足を踏み入れてみた。土産物を売る店もほんの少しだけあるが、基本はローカル向けのラインナップで、しつこく客引きされたりもしない。野次馬根性を発揮しつつ、落ち着いて見て回れるのは僕好みだった。

買う気もないくせに、店頭に飾られたTシャツに手をかけてみる。接客に現れた若い店員さんには言葉が通じず、笑顔で誤魔化しつつ退散。

マーケットのお約束とも言える飲食スペースで、さとうきびジュースを買った。地面に敷かれたシートの上でそれをチューチュー飲んでいるうちに、あまりの気持ち良さに眠くなってきた。隣を見ると、奥さんはすっかり寝息を立てていた。大して観光らしい観光もせずにブラブラしただけだが、僕は心から満足していた。

しゃかりきになって観光地を巡るのだけ

シートの上で屋台飯を囲みつつ一日の労を労う。こんなアフターファイブに憧れる。

が旅ではない。異国の地でこうして何もしない時間は貴重なものだ。街は変わりゆけど、このゆるゆるとした空気だけは未来永劫なくならないだろうと確信のような気持ちが湧いてくる。

プノンペンでは久々に再会する友人の元気な顔も見られた。新しい知り合いもできた。陰ながら彼らにエールを送りつつ、隙あらばまた遊びに来ようと誓った。

第六章　再びタイ

(14) 東南アジアで再起動

旅はもう少し続く。プノンペンからバンコクへ飛んだ。エアラインパスの最後の区間であり、再びバンコクエアウェイズの便を利用する形になった。

チュンくんは別の便だが、奥さんは同じフライトだった。彼女のチケットは羽田発のプノンペン往復をANAで通しで手配したのだが、提携しているのかバンコク~プノンペンの区間はバンコクエアウェイズの便も選べるようになっていた。ならば、せっかくなのでその区間だけでも同じ便にしようとタイミングを合わせたのだ。

「エコノミーでもラウンジが使えるから、早めに行ってゆっくりしよう」

バンコクエアウェイズにはほとんど乗ったことがないという奥さんに、僕は先輩面しながら知ったかぶって、そう提案した。プノンペンの空港にも、例の同社専用ラウンジが用意されていると聞いていたのだ。

ところが、いざ行ってみると、ラウンジは閉鎖されていた。お腹が減ったから、軽く何かつまんでいこうという彼女の希望を退け、なかば強引に連れてきたせいで、夫婦間に気まずい空気が流れる。

「……たぶん機内食が出るから。あ、そうそう、機内の安全ビデオがなかなか面白いんだよ。アイドルのミュージッククリップみたいな感じで」

話題をすり替え、なんとかその場を収めつつ、飛行機に乗り込んだら、なんと安全ビデオ自体が上映されなかった。いやはや、面目丸つぶれとはこのことだ。

というより、その便自体、乗っていて妙な違和感があった。バンコクへ向かうタイの航空会社なのに、機内アナウンスは英語のみだった。しかも、キャビンアテンダント（CA）がなぜか全員白人女性なのだ。

——乗る飛行機、間違えてないよね。

そんな不安に駆られたほどだったが、到着して飛行機を降りるときに謎が判明した。バ

プノンペンの空港は近代的だ。お土産に胡椒などを買ってみた。

ンコクの空港では沖止めで、駐機場からターミナルまでバスで移動する方式だった。タラップを降りて、自分たちが乗ってきた飛行機を振り返ると――、

「あれっ、ロシア語が書かれているね……」

そう、バンコクエアウェイズの機体ではなかったのだ。見たことのないロゴが付いた航空機だった。どうりで、安全ビデオも流れなかったわけだ。

いわゆるコードシェア便ではないことは間違いない。ロシアの航空会社にアウトソーシングしているのだろうか。ＣＡの女性たちは、バンコクエアウェイズの制服を着ていた。彼女たちはロシア人なのかもしれない。

最後まで夫の威厳は発揮できないまま、別れのときがやってきた。奥さんはこのまま飛行機を乗り継ぎ、日本への帰国便に乗る。

「気をつけてね。バンコクだから大丈夫だと思うけど」

そう言い残して、乗り継ぎゲートに消えていった。現地合流、現地解散。いつものこととはいえ、やはり寂しい気持ちにもなるのが正直なところだった。

――気をつけてね、か。

独りごちる。彼女が心配したのも無理はなかった。実はいまこの街は激動の最中にあった。反政府派によるデモ隊が、市内の主要な交差点を封鎖。首相の即時退陣を求めて、座り込み

を続けているという。散発的に銃撃戦なども発生し、死傷者が出ていると日本のニュースサイトでも報じられている。

クライシスには過敏に反応する国民性である。日本ではバンコクへの旅行は取りやめる動きも活発化しているとも聞いた。そんな不穏な時期にこの街を訪れる格好となった。不測の事態に巻き込まれなければいいのだが……。

ただ、一方ではあまり悲観しない自分がいたのも事実だ。世界広しといえど、僕にとってはバンコクほど馴染み深い街はない。タイではもう何年にもわたって、政変が続いていた。それがいいこととは思わないが、タイのデモ自体には僕自身も慣れっこになっている。外国人が直接被害を受けた事例はほとんどなく、実際にはよほどのことがない限り危険はないのだと体験的に知らしめられている。

「またやっているのか」

デモの一報を聞いたときは、その程度の感想しか持たなかった。感覚が麻痺しているのかもしれない。百パーセントではないが、まず大丈夫。根拠に乏しい自信と自覚しながらも、どんな状態であれこの街へ来るのに躊躇する理由はないのだった。

ただ、万が一のことを想定して、僕は一計を案じていた。市内でも東寄りのエリアのホテルを予約したのだ。バンコクのスワンナプーム国際空港は、街の東部に位置する。いつも泊まる常宿は市内の中心部にあり便利なのだが、デモが拡大した場合、閉じ込められて脱出できなくなる懸念があった。

デモ隊がどこを封鎖しているかは、ネットで調べるとすぐに情報が見つかった。そしてその内容を知って、僕は内心少なからず驚いた。アソーク、ラチャプラソン、パトゥムワンという、バンコク市内交通における最重要拠点がことごとく制圧されているのだという。街のど真ん中、超が付くほどの中心部だ。

さらにはそれら交差点を結ぶ、スクムビット通りからラマ一世通りの交通が遮断され、タクシーも入ることはできないという。BTSと呼ばれるモノレールのような公共交通と、地下鉄は平常通り運行しているので、それらを利用するしかなさそうだった。

バンコクの空港に降り立ったのは、すでに日没後のことだった。終電ぎりぎりのタイミングで慌てて電車に乗り込んだ。空港からはエアポートレールリンクという快速列車で市内まで移動するのが、最近のセオリーだ。

エアポートレールリンクには、シティラインとエクスプレスラインという二種類の列車がある。前者が各駅停車、後者は特急だと理解すると分かりやすい。

「大きな荷物がある人はエクスプレスラインへ」

駅の構内にはそんなメッセージのポスターが貼られていたが、ほぼ九割以上の乗客はシティラインのホームへ降りていく。時間こそ短縮できるものの、エクスプレスラインは高いし、しかも本数が少なく人気がない。たまに乗っても、車内は目に見えてガラガラで閑古鳥が鳴いていて、そのうち廃止されるのではないかと邪推したくなるほどだ。シティラインだと終点のパヤタイ駅まで、四十五バーツ。エクスプレスラインはその倍も料金がする。

ともあれ、再びバーツの世界へ戻ってきた。

最後の目的地はタイになった。五ヶ国目としてカウントはできない。旅の始まりもこの国だった。サムイやチェンマイを旅してから、まだ二週間も経っていないが、もうだいぶ前のことに思える。

――旅はタイにはじまり、タイに終わる。

我が家の家訓の一つだ。東南アジアのハブであるこの都市へは、どこへ行くにしても経由する機会は多い。散々振り返ってきた初めての海外旅行＝世界一周の際も、最初の訪問地はタイだった。

しかもバンコクである。タイの中でもとびきりのマイ・フェイバリット。最後の最後まで温存する形になった。自分としては、満を持して訪れたという感慨さえある。

ホテルに荷物を置いた足で、街へ飛び出した。デモの最中とはいえ、いつものように夜遅くまで賑わう街の喧噪が僕を出迎えてくれ、ホッとする。

路上に立ち並ぶ屋台の中で、一番初めに目についた店の前の椅子に腰掛けたら、パッタイの店だった。言わずと知れた、タイ風焼きそばは、タイの屋台メニューの王道の一つだ。とりあえず、駆けつけ一杯。

五分も待たずに出てきたパッタイに、テーブルの上の粉末唐辛子をガシガシかけて頬張った。自分で味付けしたとはいえ、そのあまりの辛さに体が悲鳴を上げそうになる。もちろん、嬉しい悲鳴だ。旅の最終章の助走にふさわしい辛さだとニンマリした。

一泊して、翌日。朝から猛烈な熱気に目眩がしそうになった。

一年で一番暑い時期である。ちょうど乾季から雨季への狭間、暑季と言われるこの季節にバンコクをよく訪れる。東南アジアはどこも暑いが、都会になればなるほど暑さが体に応える。アスファルトの道路が南国の陽射しを吸収し、その反射熱でジリジリ焼かれる感覚。熱したフライパンの上で炒められる野菜のような気分になってくる。

Tシャツ、短パンにスニーカー姿もだいぶ板についてきた。洗面所の鏡で自分の顔を見たら、日本にいた頃よりも明らかに黒々としていて、軽くたじろいだ。タイ人化している自分を認識する瞬間は満更でもないが、バンコクのような都会に住むタイ人は、日焼け対策をしっかりしていて、いまの僕よりも色白の人も珍しくない。

より一層タイに同化しようというわけではないが、僕は美容院へ向かうことにした。この街へ来ると、まずは散髪から始めるのもいつものことだ。

行きつけの美容院は、セントラルワールドという巨大なショッピングセンターの中に入っている。そのすぐ目の前のラチャプラソンは、例のデモで封鎖されている交差点の一つである。前回の大規模デモの際にもこのあたりは抗議行動の中心地になっていて、最終的には放火事件まで発生している。セントラルワールドを構成するZENという高級デパートが焼け落ちて、無残な姿を晒したのも記憶に新しい。

おまけに、きな臭いニュースを今朝ホテルのテレビで見たばかりだった。デモの会場に爆発物が投げ込まれ、死傷者が出たという。犠牲者の中には、まだ十二歳の子どもも含まれるというから、いよいよただ事ではなくなってきた感がある。

つい昨日の出来事であり、その痛ましい事件の現場となったのが、まさにここセントラルワールドの前のラチャプラソンなのだ。

そんなところへ髪を切りにノコノコ出向いていって大丈夫なのだろうか、と自制する気持ちも芽生える。そもそも、非常事態の最中で美容院は果たして営業しているのだろうか、という素朴な疑問も抱いた。

ところが、いざ行ってみて、僕は拍子抜けしてしまった。

完全に封鎖され、歩行者天国化した公道沿いには、夥《おびただ》しい数のテントが立っていた。デモの参加者が寝泊まりしているのだろうが、まるでキャンプ場のような光景に目をみはった。バンコク中心部を東西に貫くラマ一世通りである。真上にはBTSの線路も敷設されている。東京で言えば明治通りのような幹線道路なのだが……。

人が集まるところには屋台が立つのがタイではお約束と言える。肉を焼く煙やら、美味しそうな匂いやらがそこかしこから漂ってきた。デモ参加者向けのものと思いきや、近隣で働くOLたちも便乗してランチをとっている。自転車で乗りつけて、お弁当をテイクア

バリケードで封鎖されたスクムビット通り。入口は物々しいが……。

ウトしていく人も見かけた。

交差点のど真ん中にはステージが設置され、バンドの演奏が行われていた。ライブを見守る制服姿の女子高生たちから、黄色い声援が飛び交う。知らない人が見たら、野外フェスか何かと勘違いしそうだ。絵に描いたようなお祭り騒ぎ。少なくとも、爆発事件が起きた現場にはとても見えない平和な雰囲気だった。

日本大使館のサイトには、注意を喚起する案内文が掲示されていた。

――デモ会場へは極力近づかないでください。

「絶対」ではなく、「極力」という曖昧な表現には、書いた人の苦悩のようなものも感じられる。即、生死にかかわるレベルの深刻さではないものの、安全とは言い切れない微妙な状況というわけだ。デモ会場の近くには伊勢丹のような日系デパートがあったり、日本企業のオフィスも普通にあるわけで、近づかなかったら生活が成り立たないという現実も横たわっている。

当然のように美容院は営業していた。僕の髪を切ってくれた美容師さんにも、なんら悲壮感は見られない。散髪ついでにショッピングセンターをぶらぶらしたが、どの店もいたって普通。あまりに何事もないので、買い物をしているうちに、僕自身もデモのことなど頭から失念してしまったほどだった。

またしても、タイの奥深さを見せつけられた気分だ。我々がデモと聞いて思い浮かべる既成概念とはかけ離れている。人によっては相容れない価値観と感じるかもしれないし、現実問題として経済的な損失はきっと計り知れないものがあるだろう。

けれど、利害関係のまったくない部外者が無責任に感想を述べるなら、摩訶不思議なこの国に好奇心をびんびん刺激されるのも事実だった。

アメージング・タイランド——この国の観光局が打ち出したキャッチコピーは、まさに言い得て妙だなあと感心する。アメージングなこの国はやはり面白い。

封鎖された通り沿いのホテルでは、一階のオープンテラスで外国人旅行者が昼間からビールを呷っていた。歩行者天国状態の封鎖された道路をそぞろ歩いていると、外国人観光客の姿もたくさん目にする。若干戸惑いながらも、彼らは彼らでこの非日常を楽しんでいるように見えた。

デモ会場内の縁日——この言い方も語弊がありそうだけれど——では、デモの記念グッズが多数販売されている。アジテーションを盛り上げるための笛やら、揺らすとパタパタパタと音がする手の形をしたおもちゃのような打楽器などの、純粋にデモ活動で使える道具に加え、Ｔシャツやトートバッグ、はたまたｉＰｈｏｎｅ用のケースまで、豊富なラインナップだ。

英語で張り紙がしてあったりして、いかにも外国人観光客を当て込んで商売をしている風の露店も珍しくない。不謹慎と罵られるのを承知で書くと、僕もＴシャツを買ってしまった。しかも三枚も……。だって、結構格好いいんだもの。

Ｔシャツのデザインは凝っていて、種類も多い。サイアムスクエアという、「バンコクの原宿」などと言われるオシャレ通りのデモ会場で売られていたものなどは、場所柄とくにセンスのいいデザインのＴシャツが充実していた。限定モノに弱い僕のようなミーハーなタイプは、ついつい財布の紐がゆるんでしまうのだった。

デモ会場以外の場所も、とくに際立った変化は感じられなかった。街が平常運転なのであれば、別に変に意識せずに普通に楽しめばいい。

手の形をした「ムトップ」。これでパタパタするのがデモ隊のお約束らしい。

繰り返し訪れる街では、買いたいものや、食べたいものなど目的の傾向がどうしてもパターン化してくる。良く言えば定番だが、見方によってはマンネリ化にも思える。だから僕は最近は、意識的にこれまで訪れたことのない場所へ行ったり、食べたことのないものに挑戦するようにしている。

個人的に気になっていたのが、タイ人の日本ブームだ。日本食レストランは星の数ほど乱立し、週末になると日本がらみのイベントが各地で開かれるなど、もう何年も前から流行の片鱗は見られたものの、熱は収まるどころか、さらにヒートアップしているようなのだ。

きっかけとなる出来事があった。つい昨年のことだが、タイ人が日本へ渡航する際に必要だったビザが撤廃されたのだ。タイも大きく経済成長した。もはや日本へ出稼ぎにやってくる不法滞在労働者を議論する時代でもないのだろう。

東京で暮らしていて、タイ人を目にする機会が増えたなあと実感するのに時間はかからなかった。僕が頻繁に買い物するヨドバシカメラの店内アナウンスにも、いつの間にか英語、中国語、韓国語に混じってタイ語が流れるようになっていた。

『ワイワイタイランド』という、僕が定期購読しているタイを扱う雑誌には、タイ人による日本行脚が活況を呈しているという記事も出ていた。「日本へ行くかどうか」ではなく、「いつ行くか」がタイ人の間で日常の会話として交わされるほどだという。

バンコク滞在中のメインの足となるBTSに乗ろうとすると、車体のラッピング広告に見慣れた会社のロゴが躍っていた。旅行会社HISの広告だった。グローバル展開を積極的に進め、海外支店を各地で増やし続けている同社だが、ここタイはとくに力を入れているように感じられる。

その車両は列車まるごとHISが枠を買い取っているのか、車内広告もすべて同社のものだった。もちろん、タイ人向けの広告であり、文字のほとんどはタイ語だが、写真やデカデカと表示された金額から、パッと見で内容は把握できる。

それらはすべて日本ツアーの広告だった。格安航空券も扱っているようで、東京まで一万バーツなどと書かれている。得意の低価格戦略だろうか。日本人のタイへの渡航者数は、かつての年間百万人超えの時代からすると少し減ってしまった。その一方で、いまでは逆に日本へタイ人がやってくるようになった。

デモのニュースが盛んに報道され、タイへの旅行を取りやめる空気が流れる中でも、日本とタイを結ぶ航空路線が一時運休になったりしないのは、日本行きのタイ人需要があるお陰だという話も聞いた。

率直に言って、日本人の端くれとして嫌な気持ちはしない。自分の祖国にここまで興味を持ってくれるのは素直に誇らしいし、親日的な国民性の人たちには頭が下がる。

タイについては過去の拙著でもこれまでしつこいぐらいにオススメしてきた。それこそまるまる一冊、タイに特化した本も書いたりした。もしタイ語が分かるのならば、今度はタイ人向けに日本のことを原稿に書いてオススメできたら最高なのだが……。そんな分不相応な願いも頭を過る。

海外旅行のいいところは、日本のことを少しだけ客観的に見つめられることだ。訪れる国の文化や価値観の違いに感動するだけでなく、世界の中で我が国がどういう存在なのかを知るきっかけにもなる。タイへやってくる度に、僕は日本について考えさせられるのだった。

話が脱線したが、要するに「タイにおける日本」を観察するのが、バンコクでの僕の新たなライフワークの一つになっている。具体例を出すなら、日本食だ。バンコクにいると、日本食は最早ブームを通り越して定番になりつつあることが分かる。

デパートのレストラン街へ行けば、必ずと言っていいほど日本食の店が入っている。それも一軒や二軒ではなく、フロアの半分以上が日本食の店ということもある。寿司やラーメン、そば、牛丼、しゃぶしゃぶなどあらゆる料理がこの街では食べられる。日本でも名の知られた有名チェーンが次々と出店を果たしているのは言わずもがな。もちろん、こちらに駐在する日本人向けではなく、基本は現地のタイ人向けの店だ。

乱暴な見方をするならば、日本人が日常的にパスタ店――イタリアンではなくあくまでもパスタ店ね——へ行くような感覚なのかもしれない。

日本のパスタ店がそうであるように、タイの日本食店でも本家にはない独自の進化が見られる。たらこスパゲティや、醬油パスタにイタリア人がギョッとする感覚に近いのだと思う。中には日本人が首を傾げるようなメニューがしばしばお目見えして、本場からやってきた者としては興味深いのだ。

今回僕が注目したのは、ずばり「PIZZA SUSHI」である。

——ピザと寿司？

たまたま通りかかったレストランの店先のメニューで見つけて、度肝を抜かれた。日本人には到底思いつかない発想のメニューと言えそうだ。

果たして、ピザ味の寿司なのか、寿司味のピザなのか。これは食べるしかないだろうと僕は覚悟を決め、勢い勇んで入店したのだった。

基本は寿司屋さんのようで、握り寿司を中心に、いわゆる普通のメニューも並んでいた。無難に日本食を楽しみたいならそれらを頼む手もあるが、もちろん眼中にはない。ここはPIZZA SUSHI一択である。

五種類のラインナップだった。カルボナーラ、シーフード、スモークサーモン&アボカド、鶏照り焼き、カリフォルニアの五種類。この時点でもう突っ込みどころだらけだが、あえて指摘しない。

悩みに悩んでカリフォルニアを注文した。外国の寿司店ではお馴染みのカリフォルニア巻きをモチーフにしたであろうネーミングに期待を込めてみたのだ。

丸い鉄板に盛りつけられる形でＰＩＺＺＡ ＳＵＳＨＩは出てきた。寿司飯の上に色とりどりの具、いやこの場合ネタになるのか——が載せられ、焦げ目の付いたチーズとマヨネーズがかかっていた。ネタは缶詰のカニと、とびっこ、アボカド、卵焼きとバラエティに富んでいる。これで二百バーツ。日本円にして六百円弱は、こちらの物価からするとやや高めの設定だ。

食べてみて、むむむと僕は唸った。先ほどの話で言うと、ピザ味の寿司だった。うまい

これがPIZZA SUSHI、カリフォルニア味。寿司飯である意味は不明。

かまずいかで言えば、これが信じられないことにどういうわけかうまい。アリかナシかと問われたなら、完全にアリである。

これはもう、PIZZA SUSHIという新しい食べ物だ。一見邪道なようでいて、味自体は我々の常識の範疇であり、むしろ王道と言えるかもしれない。少なくとも、僕はペロリと平らげた。タイ人のクリエイティビティに脱帽である。

マンネリ防止対策として、もう一つ、僕が実践している滞在術がある。「術」などというといささか偉そうだが、大したことではない。

バンコクは広い街であり、エリアごとに個性があってそれぞれ楽しみ方は違う。短い滞在だと、欲張ってあちこち移動しつつ網羅したくなるのが常で、実際BTSや地下鉄、さらにはタクシーなどを駆使すれば縦横無尽に行ったり来たりできる。

これを逆手にとるのだ。どういうことかというと、一切移動しない。どこか一ヶ所に留まり、そのエリアだけで丸一日を過ごす。活動範囲は、徒歩で行けるところに限定してしまう。一点集中型の滞在術である。

バンコクの最終日、僕はそんな過ごし方をしてみることにした。デモで交通が遮断され、いつもより移動に不便を強いられることも理由の一つだった。デモ会場の外側、スクムビットのアソークより東側エリア。具体的には、プロンポン周辺を重点的に攻めてみることにした。

この界隈は、日本人が多く住むことでも知られる。日系スーパーや、日本語の本を売る書店、日本人向けの飲食店などが集まり、在住者にとっては便利なところだ。旅も最終局面を迎え、いよいよ日本が恋しくなってきたのかもしれない。

普段の短期旅行では、こういう日本人向けのエリアへはあえて行くことは滅多にない。だからこそ、案外新鮮な気持ちで向き合えるだろうという密かな目論見もあった。

ぶらぶら散策しつつ、暑さに参ってきたら、駅に直結するエンポリアムという高級デパートに涼みに入る。バンコクにはなんだかんだいって顔見知りも少なくない。以前にトイレから出てきたら知り合いにバッタリ出会ったのも、このデパートだった。

最近はこの街に住む仲間たちへ事前に連絡することも減った。連絡せずとも会う人には意外と会うものだし、一人で気ままに過ごす時間を大切にしたい気持ちも以前より強くなった。日本人街とも言えるプロンポンだから、誰かとバッタリ会うかもなあと期待と警戒心がない交ぜになったような複雑な心境でいたが、幸か不幸かこの日は結局誰にも出会わなかった。

というより、あまり日本的なものを感じられない滞在になった。

日本人が多いエリアとはいえ、やはりタイであることに変わりない。タイ語の看板をボーッと眺め、その下をトロトロと歩いている猫に目を細める。気だるい空気が漂う路上の屋台でカオマンガイを頬張ったり、歩き疲れたら日本語の通じないマッサージ店で足をもんでもらったり。

そうそう、マッサージが格安で受けられるのは、タイ旅行の魅力的なオプションの一つだ。僕はマッサージ自体それほど好きではないが、タイのフットマッサージだけはいつも欠かさずチャレンジしている。

バンコクにいる限りは、大抵は英語で事足りる。だからなかなかタイ語を使う機会がないのだが、マッサージ屋さんへ行くと途端にローカルな世界になるのがいい。僕についてくれたマッサージ師は、イサーンから上京してきたという田舎の女性だった。

「この前行きましたよ。ウドンタニとノンカイ。通っただけだけど」

もまれるだけの手持ち無沙汰な旅行者は、身振り手振りと稚拙なタイ語でコミュニケーションを試みる。マッサージの時間は、僕にとって貴重なタイ語学習の時間でもある。話せるといっても本当に赤子に毛が生えた程度にすぎないが、それでも向こうも「アナタ、タイ語分かるのね」と盛り上がってくれるのは素直に嬉しい。

たとえば、こんな感じで会話は始まる。

「ヌンチュアモーン？　ソンチュアモーン？」とマッサージ師に訊かれ、

「ヌンチュアモーン」と僕が答える。

チュアモーンというのは時間のことだ。ヌンが数字の一、ソンが二。つまり、マッサージは一時間なのか、二時間なのかを質問されたというわけだ。

これが英語の通じる店なら、

「ワンアワー？　ツーアワー？」

で済んでしまうが、英語が解せない相手だとこちらが外国人であろうがお構いなしにタイ語で訊いてくる。単語の羅列だけでもだいたいの意思疎通は図れるので、いい機会と、こうして少しずつではあるがタイへ来る度にタイ語を覚えて帰る。そういえば、チェンマイでも同じようにマッサージを受けながら色々話したなあ。

「タイは暑いですねえ。東京は雪が降ったみたいで……」

そう言ってスマホで雪景色の写真を見せると、盛大に驚いてくれた。きっと、雪なんて生まれてから一度も見たことがないのだろう。

そのままなんとなく日本食の話になり、スマホの話になり、ラインのＩＤを交換しようという話になった。ラインなんて登録したっきりほとんど使っていないが、断るのも悪い気がして素直に教える。向こうは英語も日本語もしゃべれないし、僕も幼稚なタイ語のみだが、こうして外国を旅して誰かと打ち解けることができるのは喜ばしい瞬間だ。

肝心のフットマッサージ自体も、なかなか上手だった。しかし、衝撃を受けたのは別のことだった。僕の生足と、それをもむマッサージ師の腕を見比べて気が付いた。なんと僕の足の方がずっと黒いのだ。日焼けしすぎた自分を客観視して、日本へ帰ってやっていけるのか不安になったのだった。

いよいよ帰国便への搭乗が迫ってきた最後の夕食も、屋台メシになった。到着したときに食べた屋台街の並びで、またしても最初に目に留まった店になんとなく腰掛ける。クイッティオという、タイではお馴染みの麺の屋台だった。

タイの麺屋台では、麺の種類やスープの有無を客が指定する。細い順にセンミー、センレック、センヤイという三種類の白い米麺に加え、日本のラーメンと同じ黄色い小麦麺のバミーから選ぶ。僕はバミー・ヘーンを注文した。ヘーンは汁ナシ麺で、バミーを食べるときは汁アリより汁ナシの方が個人的に好みである。

屋台のオヤジは寡黙だった。愛想笑い一つ浮かべず、黙々と鍋に麺を投入する。あっという間に出来上がり、無言で僕のテーブルの上にお椀を置いていった。

それをかき込みながら、通りの喧噪に目を向ける。原色の派手な車体のタクシーがテールランプをてかてか光らせながら走り去ってゆく。このあたりは普通にクルマが流れているが、目の前のスクムビット通りはデモの会場へと続いている。

バンコクは、非常事態宣言下の街とは思えない、いつも通りのゆるい空気に包まれていた。ニュースをチェックする限りでは、今日は大きな事件は起きていない。

そういえば、こんなことがあった。

デモ会場で購入したTシャツだが、部屋に帰って試着してみると、サイズが自分にはやや小さかった。タイ人は体格が小柄なのか、タイのLサイズだと僕にはやや窮屈に感じることが多いのをいまさらながらに思い出したが、後の祭りである。せっかく買ったのに、サイズが合わないのは悔しい。

僕はそれを持って、再度デモ会場へ足を向けた。購入した露店に持ち込んで、より大きなサイズのものに交換してもらおうと企んだのだ。我ながら図々しいというか、そんな理由で危険とされるエリアに何度も通う自分がおかしかった。

デモ会場には屋根まで作られていた。その下でごろ寝する人たち。不思議な光景だ。

こういうとき、融通が利くのがタイという国である。露店商は難色を示すことなく、快く交換に応じてくれたのだった。

買ったTシャツは、デモの記念グッズなので、それっぽいデザインが施されている。赤、白、青の三色のタイ国旗カラーがあしらわれ、「2014」という今年を表す文字と、デモそのものの名称が綴られているものが多い。

――BANGKOK　SHUTDOWN

カタカナで書くなら、バンコク・シャットダウン。今回のデモはそう名付けられていた。交通の要衝を封鎖し、街の機能をシャットダウン＝停止させるという意味だと理解していたが、デモ会場で売られているTシャツを物色していると、もう一つ別の意味にもひっかけていることに思い至った。

――RESTART　THAILAND

そんなキャッチコピーも会場でよく見かけたのだ。さらには、同様にTシャツのデザインにもなっていた。政権交代を訴えるデモ隊である。現状をいったんシャットダウンし、新たな国としてリスタートさせる。きっと、そんな願いを込めた今回のデモのテーマなのだろう。

パソコンの操作でも電源を切ることをシャットダウン、再起動をリスタートというが、画面上で再起動の操作を示すあのボタンをそのままデザイン化した、ユニークなデザインのT

シャツも数多く売られていた。実にいまどきっぽいし、パソコンなどのデジタルモノが大好きな人間としては目を引かれるモチーフである。

再起動、か――。

僕はガツーンと衝撃を覚えた。今回の旅を言い表すのに、これほどふさわしいキーワードはないかもしれない！

旅をして、そのことを書く日々の中で、僕は大好きなアジアを自ら封印した。先へ進むために必要な封印だと信じていたし、結果的にそれなりに成果は得られた手応えはあった。一方で、我慢を重ねたことで、アジアの旅への情念が制御できないまでに膨らんでいった。予想はしていたが、予想を超える勢いで膨らんでいった。

そんな経緯があったうえでの、今回のアジア旅だった。禁を破って遂に実行に移したささやかな悲願であり、再びアジアを旅するにあたっての旅始めの儀とも言えた。まさに、再起動の旅だったわけだ。

もちろん、ただのほほんと旅行したにすぎない。誰かの役に立つボランティア的行動ではないし、自分探しのような志溢れる旅であるはずもない。昔を懐かしんだり、思うようにいかないことがあれば愚痴をこぼすなど、我ながらなんて俗っぽいんだろうと呆れる場面も少なくなかった。

行きたいところへ行き、見たいものを見て、食べたいものを食べる。いつものように本能のまま、とことんわがままに旅行しただけのことだ。

それでも、旅の舞台がアジアであることは、僕にとって大きな意味を持っていた。のほほんとした旅人であっても、ときには壁にぶつかることもある。その壁を取り払い、再び旅を始めようという勇気を奮い立たせてくれたような今回の旅だった。アジアこそが自分にとって安息の地であり、旅するエネルギーの源になっていることを再認識させられる一つのきっかけになった旅だった。

――リスタート・トラベル

再起動しよう、僕は決意を固めた。

アジアへ来れば迷いの霧が晴れ、自分自身も再起動できる。

裸電球に照らされた屋台のテーブルで、僕は帰国に向けて気持ちを整理した。バミー・ヘーンの代金を支払うと、オヤジは無言でそれを受け取った。去り際に、テーブルの下では猫が丸くなっていたことに気が付いた。

「また来るよ」

最後の会話相手は猫になったが、にゃあと答える律儀さはその猫にはなかった。

あとがき

もっと軽やかな旅行記に仕上げるつもりだった。気が付いたら、予想外に泥臭い内容になっていて、ゲラになった原稿を読み返してみてちょっぴり恥ずかしくなった。

別に言い訳するつもりはないが、こうなった理由は旅の舞台がアジアだったことと無縁ではないと自己分析している。とりわけ、今回はタイに関して最も多くのページを割いた。ホームとアウェイに分けるなら、ホームの旅だったと言える。思い入れの強さゆえ、どうしても筆に力が入りすぎるのだ。

幻冬舎文庫からリリースしている本書のシリーズも、本作で三作目になる。だいたい毎年日本が冬の時期に旅に出て、夏が始まる頃に本になる。

昨年出した二作目『ヨーロッパ鉄道旅ってクセになる!』では、タイトルの通りヨーロッパを鉄道で旅した。あの旅と比べると、自分でも視点が違うなあと感じる。ヨーロッパはどちらかと言えばアウェイな土地で、どこまでもお気楽な観光客として向き合うことができる。

どちらがいい悪いではない。アウェイな旅では些細なことで驚きや感動が得られる一方、「浅く、広く」になりがちというデメリットもある。逆にホームになると、良くも悪くも知った顔をしてしまう。視点の違いなのだろうと思う。

週末海外！　と銘打って、短期での海外旅行を繰り返してきた。行き先は、多くがアジアだった。中でも、タイへの渡航回数は数え切れない。分かりやすい言葉を用いるなら、今回の旅はリピーターの視点だったというわけだ。

この手の旅エッセイも細分化しており、小説のように短編、長編と分類する考え方も的外れではないだろう。少なくとも、自分の中ではハッキリ区別している。

そういう意味では、本作のシリーズは長編に該当する。いつもよりも少しだけ長めの旅行――我が家では「大物」と呼んでいる――を一冊かけて綴る。できる限りテンポ良く、それでいてアッサリしすぎないよう物語に緩急をつけたいが、フィクションではないのでなかなか思うようにはいかない。

長編といっても、我が旅行記では数多くの国々が出てきて、結果的に短編集のような形になることも少なくない。きっと欲張りで、そして落ち着きのない性格なのだろう。前作のヨーロッパ旅では、一度の渡航で十ヶ国も巡っている。

翻って今回はその半分、わずか五ヶ国しか訪れていない。視点の違いに加え、これも一つの変化と言えるかもしれない。旅した日数自体はほぼ同じである。あくまでも当社比ではあるが、いつもよりややじっくり型の旅だったのは確かだ。

香港、タイ、ラオス、ベトナム、カンボジアの五ヶ国。香港はトランジットで立ち寄っただけだが、入国していることは事実なので例によってカウントする。その香港を除いたメインの四ヶ国は、いずれも南国と呼べるような土地である。やはり、寒いよりは暑い方がずっといい。

汗をかきかき、冷たいビールをぐびっとする――。

あれこれ偉そうなことを言いつつも、結局はそんな俗っぽい欲求を満たせさえすれば十分で、アジアの旅となると必然的に酒を飲む記述が増えるのも我が旅行記の特徴でもある。シンハー、ビアラオ、バーバーバー、アンコールなど、どこへ行っても美味しいビールにありつけるのは、東南アジア旅の最大の魅力と断言したい。

少し補足的な話もしておくと、今回の旅はエアラインパスを使ったものだった。複数の国々を一筆書きの要領で結んでいく周遊旅行を実現できたのは、まさにパスのお陰と言えそうだ。

前回のヨーロッパ旅でも、ユーレイルパスという鉄道パスを利用した。実はその後、世界一周の旅に出ており、世界一周航空券（マイル特典だったが……）を利用する機会もあった。こういったパスが、密かにマイブームになっているのだ。

個人的にとくに心惹かれるのは、攻略要素がある点だ。パスごとに定められたルールを読み解き、自分にとっての最良なルートを模索する。上手くスケジュールが組めた瞬間に喜びを見出す。面倒くさいからと、旅行会社に丸投げするような発想とは真逆なのだろう。旅は計画段階こそ、おもしろい。

本書で利用したのは、ディスカバリーエアパスだった。航空会社とタイアップした企画ではないので、感想などはすべて本音で書いている。感心させられた点はもちろん、悪口めいたことも遠慮なく記述したが、それらはいずれも主観にすぎないことは追記しておく。

東南アジアを周遊旅行するのであれば、いまならＬＣＣを活用する手もある。実際、当シリーズの一作目『ＬＣＣで行く！　アジア新自由旅行』は、まさにＬＣＣだけを使った旅だった。手段こそ異なるものの、旅の主舞台は本書と同じく東南アジアであり、二冊を読み比べていただくと違いが分かるかもしれない。

ＬＣＣは安さが魅力だが、制約も多い。荷物は有料だし、機内食も出ない。対して、レガシーキャリアを利用するエアラインパスでは、フルサービスが受けられる反面、必ずしも割安ではない。

ディスカバリーエアパスの料金は、利用する区間によって変動する。一区間あたり七千四百円から。これに税金や燃油サーチャージが加算される。ＬＣＣならば、路線や予約時期によっては数百円で飛べることもある。コストパフォーマンスだけ見れば、LCCの方が有利なのは間違いないだろう。

とはいえ、大人の旅である。そのことは本編でも繰り返し書いてきた。

LCCは欠航や遅延の恐れもある。エアラインパスなら便の変更が可能だったり、ラウンジが利用できるなど、レガシーキャリアならではの利点も大きい。

要するに、いずれも一長一短あるということだ。どちらがベストチョイスなのかは一概には決められない。あくまでも選択肢の一つ、と捉えたい。

エアラインパスでは取捨選択が求められる。ディスカバリーエアパスでは最低三区間、最大六区間の中で便を選ぶ形になる。対応している都市を満遍なく回り尽くすわけにもいかないので、優先順位を付けてルートを組まねばならない。

今回僕がこだわったのは、一筆書きの要領で進めるかどうかだった。同じ都市を行ったり来たりするよりも、常に一方向に突き進む方が、旅をしている実感をより味わえる気がするのだ。

陸路移動も併用したのは、途中にパスでは対応できない区間が出てきたからだが、結果的にいいアクセントになったと自分では総括している。タイからラオス、ベトナムからカンボジアと、二度の国境越えを経験した。空路でびゅんと飛ぶだけでなく、線を結ぶように陸路で移動するのも、また違った魅力がある。

一作目のＬＣＣの旅では、すべての行程を飛行機で繋いだ。二作目の鉄道旅行では、空路は日本からヨーロッパまでのアクセスに留め、現地では全区間を陸路移動している。三作目となった本書では、それら両方を駆使した旅になったというわけだ。いわば、おいしいとこ取りである。

そもそも、航空券なんて所詮はツールにすぎないという認識は自分の中で根強い。エアラインのマニアではないから、機材やサービスに対してそれほど頓着しないタイプでもある。きっかけこそエアラインパスだったが、いざ旅が始まってしまうと、あとは無事に辿り着くかどうかが最大の懸念事項と化す。

どんな手段で旅をするにしろ、肝心なのは旅の中身だ。

いかに満足のいく旅にするか。といっても、所詮は自己満足にすぎない。見たいものを見て、食べたいものを食べればいい。自分自身が納得のいく形で旅を終えられれば、それで十分だと思う。

「あとがき」と言いつつ、なんだか自己解説のような内容になってしまった。本編を完結させた後で、少し間を置いて改めて書いているので、どうしても温度差が生じる。

せっかくなので後日談も紹介すると、本書の旅から帰国して、これを書いているわずか二ヶ月あまりのうちに、またしても東南アジアへ行ってしまった。

それも、二度も……。

大好きなアジアを自ら封印し、満を持して決行したのが本書の旅だった。解禁した途端に、箍《たが》が外れたかのごとく彼の地への行脚が始まったのには我ながら苦笑する。抑圧されればされるほど、土地へ対して焦がれる気持ちが募っていく。

アジアが好きなのだ。好きで好きでたまらない——。

我慢するなんて、柄にもない行動だったなあといまではちょっぴり反省もしている。行きたいのなら、行けばいい。旅は行きたいときが、行きどきである。

実は本書とは別に、アジアをテーマにした新たな本を書き始めたりもしている。しばらくは公私共にアジアにどっぷりな感じになりそうで、迫り来る締切りに怯えつつも、満たされた日々を送っている。

最後に、お礼の言葉を。幻冬舎の永島賞二さんには、今回も大変お世話になりました。昨年より約一ヶ月も早く帰国したにもかかわらず、ほぼ同じような進行になってしまい、面目次第もございません。デザイナーの斉藤いづみさんにも感謝。安心・安定のいつものメンバーによる超強力なサポートに支えられるがあまり、つい油断しがちですが、(あるのなら)

次回こそは気を引き締めて臨む所存です。

そして毎度毎度同じ締めくくりで恐縮ですが、奥さんこと松岡絵里にもありがとうと書いて、締めの言葉に代えさせていただきます。

二〇一四年五月二十三日　自宅でもガパオが食べたくてバジルを植えました

吉田友和

この作品は書き下ろしです。原稿枚数388枚(400字詰め)。

幻冬舎文庫

●最新刊
恋する旅女《たびじょ》、世界をゆく
——29歳、会社を辞めて旅に出た
小林　希

29歳で会社を辞め世界放浪に。30歳を前に決意したのは、自分らしく生きることへの挑戦だった。「旅で素敵な女性になる！」と家を出た著者にやがて訪れた心の変化とは？　新感覚旅行記！

●最新刊
三国志男
さくら剛

子供の頃のあだ名は「小覇王」。伝説の海賊といえば甘寧。シンバル音を聞くと孔明の伏兵がいると思い慌てる——。三度のメシより三国志が好きな、モテない引きこもりが中国に乗り込んだ。

●最新刊
ようこそポルトガル食堂へ
馬田草織

絶品チーズ、緑のワイン、仔豚の丸焼き……。素朴で飾り気のない、でもほっとする料理の数々。各家庭のキッチンやレストランを訪ね歩き、旅の旨みをぎゅっと詰め込んだ食旅エッセイ。

●最新刊
ウはウミウシのウ
シュノーケル偏愛旅行記　特別増補版
宮田珠己

海へ行って、変なカタチの生きものが見たい——。爆笑エッセイで人気の著者が、とっておきの国内外20カ所を、お気楽シュノーケルで巡る。奇妙で愉快な海の魅力が満載。究極のレジャーエッセイ。

●最新刊
リヤカー引いて世界の果てまで
地球一周4万キロ、時速5キロのひとり旅
吉田正仁

ダメな自分と決別すべく愛車とともに旅に出た。凍傷、強盗、熊との遭遇……過酷な状況を乗り越えられたのは、人々の優しさだった。4年半かけて歩んだ時速5キロの景色を綴った旅エッセイ。

旅《たび》はタイにはじまり、タイに終《お》わる
——東南《とうなん》アジアぐるっと5ヶ国《こく》

吉田《よしだ》友和《ともかず》

平成26年7月5日　初版発行

発行人——石原正康
編集人——永島賞二
発行所——株式会社幻冬舎
〒151-0051東京都渋谷区千駄ヶ谷4-9-7
電話　03(5411)6222(営業)
　　　03(5411)6211(編集)
　　　振替00120-8-767643
印刷・製本—近代美術株式会社
装丁者——高橋雅之

幻冬舎文庫

ISBN978-4-344-42224-7　C0195　　よ-18-5

幻冬舎ホームページアドレス　http://www.gentosha.co.jp/
この本に関するご意見・ご感想をメールでお寄せいただく場合は、
comment@gentosha.co.jpまで。